하나님이 부족한 자에게 주신
12가지 마음 나눔

하루, 은혜 한 줌

임우현 지음

징검다리

하루, 은혜 한 줌

Contents

여는 글 / 6

1. 일상 / 9
2. 사랑 / 43
3. 동행 / 73
4. 인내 / 107
5. 공동체 / 139
6. 감사 / 173
7. 사명 / 205
8. 승리 / 239
9. 기도 / 273
10. 말씀 / 305
11. 하나님의 뜻 / 339
12. 담대함 / 371

이 책의 활용 방법

하루에 하나씩 읽으며
우리 삶에 은혜를 한 줌씩 부어 주시는
하나님을 묵상합니다.

읽으면서 떠오르는 생각을
빈 공간에 적어 보기도 하고,
'나의 문장'으로 바꾸어 써 보기도 하세요.

12가지 마음 나눔처럼
여러분의 일상도 12가지 주제로
풍성하게 수놓아 봅시다.

365개의 글들이 매일 여러분이
하나님과 가까이 할 수 있도록 이끌 것입니다.

여는 글

잠시 멈추고, 은혜 한 줌으로 여는 하루

평생 운동과는 담을 쌓고 살다가, 더 이상은 안 되겠다 싶어 헬스장에 등록했습니다. 예전에도 시작만 하고 그만둔 적이 많았기에 이번엔 과연 계속할 수 있을까 망설였지만, 큰 마음을 먹고 생애 최초로 PT까지 받게 되었지요. 전문 트레이너에게 열 번의 수업을 받으며 처음으로 운동의 기초부터 배우게 되었습니다. 처음에는 빨리 몸이 좋아지고 근육이 생기길 바랐습니다.

그런데 시간이 지나며 깨달았습니다. 트레이너가 제게 가장 많이 가르친 것은 근력 운동이 아니라, 몸의 긴장을 풀고 바르게 숨 쉬는 법이었습니다. "한 번만 다시 해 볼게요, 잘했습니다." 이 말을 반복하며 기본 자세와 호흡을 다듬는 일이 훈련의 대부분이었지요. 어쩌면 우리 몸을 건강하게 만드는 일의 시작은 마음의 긴장을 풀고 잠시 멈추는 데 있는지도 모릅니다.

그때 문득, 신앙도 다르지 않다는 생각이 들었습니다. 마음의 긴장을 풀고, 주님 앞에서 한 번 길게 호흡하며 멈춰 서는 것이 은혜의 시작이 아닐까 합니다.

바쁘고 힘든 시간 속에서 하던 일을 잠시 멈추고, 한 번 길게 내쉬는 호흡으로 새로운 공기를 불어넣는 것, 그것이 영혼의 호흡이자 마음의 스트레칭이지요. 이렇게 마음의 자세를 고치고, 계속 시도할 때 분명 주님의 음성도 들릴 것입니다. "잘하였도다, 착하고 충성된 종아."

돌아 보면 청소년 시절, 아무것도 모르던 때에 선배의 손에 이끌려 간 여름수련회에서 처음 하나님을 만났습니다. 조건 없는 사랑, 그 은혜가 믿음의 출발점이었지요. 그러나 사역의 길을 시작한 청년 시절에는 하나님의 은혜보다 제 욕심이 더 컸던 적도 많았습니다. 어느 덧 30여 년이라는 세월이 흘러 부모가 되고, 인생의 여러 자리를 지나오며 비로소 알게 된 것은 이것입니다. 하루를 채우는 데 필요한 것은 거대한 기적이 아니라 주님이 주시는 한 줌의 은혜면 충분하다는 것입니다.

이처럼 부족한 저에게 주셨던 주님의 은혜를 '마음 나눔'이라는 공간에 남겨 놓았던 글들을 모아 출간하게 되었습니다. 하루에 한 번이라도 주님의 마음을 새롭게 느낄 수 있는, 마음의 호흡 시간이 주어지기를 소망합니다.

이제는 운동처럼, 신앙도 기본부터 다시 다듬고 싶습니다. 바른 자세로, 깊은 호흡으로, 주님 앞에 서는 연습을 하며 하루를 살아가고자 합니다. 오늘도 주어진 자리에서 감사의 고백을 올립니다. "주님, 감사합니다."

_임우현 목사

Part 1
일상

내가 매일 주를 부르며
주를 향하여 나의 두 손을 들었나이다

시편 88:9

01/01

어깨를 많이 쓰면 얼마 후 어깨에 탈이 나고
무릎을 많이 쓰면 무릎에 탈이 나서
결국 치료도 받아야 하고 약도 먹어야 하는 것처럼
사람의 마음도 많이 쓰게 되면
마음에도 탈이 나게 됩니다.
어떤 식으로든 마음을 쓰고 난 후에는
마음에도 충분한 쉼과 은혜의 돌봄이
필요합니다.

01/02

정말 오랜만에 집에 돌아왔을 때였습니다.
바쁘게 열심히 주어진 자리에서 달리다
잠시 쉼을 누리러 집에 왔는데,
단 하루라도, 집에서 자니 참 좋았습니다.

이 땅에서 집에서 누리는 쉼도 이렇게 좋은데
이 땅에서 주어진 사명을 다하고
저 하늘 본향으로 돌아가 쉼을 누린다면 얼마나 좋을까요.
그날을 사모하며 기다립니다.

01/03

어떤 날은 하루가 너무 짧아
하루 만에 지난 십 년의 시간을
모두 잃어버릴 수 있었고,
어떤 날은 하루가 너무 길어
하루 만에 지난 십 년의 시간 동안
수고한 열매를 볼 수 있었습니다.
이처럼, 오늘 하루를 어떻게 살아 내느냐에 따라
지난 십 년도, 앞으로의 십 년도,
달라 질 수 있음을 잊지 마십시오.
오늘 하루도 잘 살아 내길 소망합니다.

01/04

평범함의 은혜, 일상의 은혜.
전혀 어떤 것도 주어지지 않더라도
그저 하루하루를 평범하게, 일상적인 모습으로
살아갈 수 있는 은혜를 기다립니다.

오늘도 예배드릴 수 있음이,
다음 세대가 은혜로 드렸던
교회 학교 예배와 수련회가 얼마나 귀한 일이었는지
다시 한 번 일상의 은혜를 감사하게 됩니다.

01/05

하루라는 시계가 참 잘도 돌아갑니다.
아침이 되고 저녁이 되어 하루를 마칠 때
오늘 하루가 하나님 보시기에 좋았기를 소망해 봅니다.
실수가 있더라도 모두 수고하였고,
아쉬움이 남더라도 다시 내일부터
기쁘고 감사하게
수고할 수 있기를 소망합니다.
오늘도 역시나 주님께 감사합니다.

01/06

하루 일과를 모두 마치며
늦은 저녁이 되어 다시 하루를 돌아 보니
참 많은 일이 생기기도 하고 또 사라지기도 했습니다.
갑자기 당황스러운 일도,
갑자기 즐거워지는 일도,
그러다 급격히 짜증나는 일도,
갑자기 감사해지는 일도 생긴 그런 하루였습니다.
참 많은 일이 있었지만 그중의 제일은
모든 일정을 마치고 돌아오는 차 안에서 받은
전화 한 통이었습니다.
"피곤하지요? 괜찮지요? 수고가 많아요.
힘내시고 화이팅하세요! 응원하고 기도합니다!"
이런 뜬금없는 전화 한 통에 참 고맙고
내일을 또 힘내게 만듭니다.
나도 누군가에게 이런 사람이 될 수 있으면 참 좋겠습니다.
엄청난 것은 못 해 주어도 큰 힘은 못 되어 주어도
누군가 한 사람에게라도 주님이 내게 주신 힘을
나누며 살아가는 그런 사람이길 소망합니다.

01/07

어김없이 해가 뜨니, 다시 힘내서 살아가야 하고
다시 또 잘 살아 내야 하는 날입니다.
어떻게 해야 잘 살아 낼 수 있는지
한 번 더 고민하며 기도하며 시작해 봅니다.
세상을 바라보며, 영혼을 바라보며
주님 마음을 느끼며 다시 오늘도 힘내 봅니다.

01/08

아침에 눈을 뜨며
자연스럽게 무엇이 생각나는지.
잠들기 전 눈을 감으며
자연스럽게 무엇이 생각나는지.
하루를 지내며, 자연스럽게 무엇을 생각하며 살아가는지.
내 마음 자연스럽게 주님의 마음을 닮아 갈 수 있기를
소원합니다.

01/09

사람이 아닌 하나님을 기쁘시게 하는 삶,
사람의 소리에 반응하는 것이 아닌
하나님의 말씀에 반응하는 삶,

사람에게 잘 보이려고 한 것이 아니라
하나님께 잘 보이려고 한 것이니
오늘도 주님 앞에 당당히 다시 나아갑니다.

01/10

"네가 기쁠 때 너무 기뻐하지 마라.
어디선가 슬픈 사람이 있단다.
네가 슬플 때 너무 슬퍼하지 마라.
어디선가 기쁜 사람이 있단다."

뼈를 때리는 말입니다.
한 번 더 주변을 돌아 볼 수 있는 마음,
한 번 더 함께 살아가는 이들에 대한 배려,
또 하루를 이렇게 배워 갑니다.

01/11

행복하게 살아가는 것처럼 보여도
그 사람에게 진짜 행복이 없다면
결국 그 사람 삶은 불행한 인생이 되는 것이고,

불행하게 살아가는 것처럼 보여도
그 사람이 진짜 행복을 위해 도전하며 살아가고 있다면
그 사람이 결국 마지막에 행복한 사람이 될 것입니다.

오늘도 행복과 불행 그 중간에서 다시 힘내어
믿음의 힘으로 행복한 내일을 만들어 가려 합니다.

01/12

몸도 마음도 아픈 사람이 자꾸 건강한 사람을 만나
건강한 만남을 이어 간다면
점점 건강한 몸과 마음으로 변하겠지만
몸도 마음도 아픈 사람이 자꾸 아픈 사람을 만나
아픈 만남을 이어 간가면
아픔은 커져 갈 것입니다.

오늘 몸도, 마음도, 믿음도
건강한 사람들을 많이 만날 수 있기를
소망합니다.

01/13

이 땅에서 매일 죄를 지어도
죽기 전에 잘 믿으면 된다는
누군가의 거짓말에 속지 말고
오늘도 회개하며 나중이 아닌 지금,
바르게 잘 믿으려고 애쓰는
믿음의 삶을 살아가야 합니다.

01/14

하루하루를 살아가며
하나님과 짝짜꿍이 잘 맞을 때
믿음의 충만한 힘을 지켜 내고, 믿음으로 살아갈 수 있지만

내 마음대로, 내 욕심을 품고
죄를 지으려 하는 이들과
짝짜꿍이 맞으면
결국 믿음의 힘은 사라질 것입니다.

01/15

오늘 어디선가 만난
상대방의 언어와 행동 속에
내가 배울 수 있는 믿음의 언어와 행동이 있다면,

나이나 환경과 상관없이 누구에게라도
내가 배울 수 있는 마음의 여유가 있다면,
우리 믿음도 더욱 자랄 것입니다.

01/16

어느 날 문득,

마귀가 나를 시험하려고 내 마음을 흔들 수도 있고

누군가가 나를 시험하려 내 마음을 흔들 수도 있지만

사실 생각해 보면,

불안한 마음에 스스로 흔들 때가 더욱 많습니다.

그러니 무엇보다 내 마음을 다잡는 것이

가장 중요한 일입니다.

01/17

겨울 날씨 속에 몸이 추워지니,
집 안팎에서도 자꾸만 따뜻한 곳을 찾아 움직이게 됩니다.
어떻게든 온기를 지켜 보려 애쓰는 우리의 모습처럼,
요즘은 마음도 자꾸만 시려지는 계절입니다.
그래서 더더욱 마음의 온도를 지키는 일이 필요하겠지요.
따뜻한 말 한마디, 따뜻한 기도 한 줄, 따뜻한 복음의 나눔 하나로
우리 마음에도 온기를 더할 수 있으리라 믿습니다.
이번 주도 다음 세대에게 복음을 전하는 사명을 잊지 않고,
은혜의 번개탄을 피우며
현장과 온라인을 통해 기쁘게 달려가 봅니다.

01/18

그런 일은 있을 수가 없고 말도 안 되는 소리라고
세상에 많은 사람이 말하지만
그런 일은 실제이고 진짜이기에
오늘도 우리는 복음의 능력을 믿고 따르며
변함없는 성경의 기준으로 보고 듣고 행해야 합니다.
오늘도 먹고살기 위해 애쓰는 하루가 아니라
복음의 능력을 전하며 살아가는 하루되길 소망합니다.

01/19

오늘 하루가 어떤 날인지를 되돌아보고

내일 하루를 어떻게 살아야 하는지를 생각해 보며

그렇게 하루를 살아가 봅니다.

어제가 오늘이고,

오늘이 내일의 미래가 되는 것이기에

오늘 이 땅에서 내게 주어지는 십자가를

끝까지 잘 감당하여 마지막 날 주님 앞에

부끄럽지 않기를 소망합니다.

부활의 소망,

잊지 않고 날 사랑하신 주님의 사랑에

그저 한 걸음씩 걸어갑니다.

01/20

요즘 하루에도 여러 번 들으며
또 힘내고 힘내는 찬양이 있다면
홀리원의 앨범에 실린 <우리는 살아갑니다>입니다.
삶의 환경이 수십 번 바뀌고 여전히 막막한 시대를
살아가고 있지만 주님만 바라보며 주님께 기도하며 살아가 봅니다.

"우리는 살아갑니다. 우리는 살아갑니다.
모든 것이 무너졌지만 우리 곁에 계시는 주님께 기도하며
우리 다시 다시 살아갑니다.
우리는 기대합니다. 우리는 기대합니다.
막막하고 버거울 때도 여전히 날 돌보시는 주님께 모두 맡기며
나의 삶에 주를 기대합니다.
내가 연약할수록 더욱 귀히 여기사
높은 보좌 위에서 낮은 나를 보시네.
우리는 바라봅니다. 우리는 바라봅니다.
나의 계획 모두 내려놓고
소망 없는 이땅 위에 유일한 길을 내시는
우리 주만 주만 바라봅니다.
날 사랑하심 날 사랑하심
날 사랑하심 성경에 쓰였네"

01/21

시대적인 어려움과 아픔 속에
그저 하루하루 방종하는 사람이 되어
하루의 시간을 잃어버리는 삶을 살 것인가?

시대적인 어려움과 아픔 속에
하루하루 방비하는 사람이 되어
오늘 잘 살아 내일을 준비하는 사람이 될 것인가?

방종과 방비 이제 둘 중 하나를 선택해야 할 것입니다.

01/22

이 땅에서의 날들을
잠시 즐거운 소풍같은 시간이라 여기며
다시 저 하늘 집으로 무사히 돌아갈 것인지,

아니면 이 땅에서 하루하루가 세상의 성공이란 놈에게 묶여
거대한 교도소에 갇힌 죄수처럼 살아갈 것인지,
한 번쯤은 돌아봐야 합니다.

01/23

우리에겐 기적인 일들이
하나님께는 당연한 일일 수 있기에
오늘도 이 땅에서
괜한 기적을 바라지 말고 그저 하루하루
주님 말씀 따라 순종하며
주님의 뜻을 알아 갈 수 있기를 소망합니다.

01/24

주님의 마음을
조금이라도 더 알아 갈 수 있는 자녀이기를,
오늘도 그 마음을 더 알아 가며
기도하며 닮아 가기를 소망합니다.
주님의 마음을 조금이라도 정말 조금이라도…….

01/25

나는 평생 예수님의 뜻과 계획에 순종하며 따라가는
진짜 제자의 삶을 살아가고 있는가,
아니면 나는 평생 내 욕심과 야망에 따라 예수님을 끌고 가려는
가짜 제자의 삶을 살아가고 있는가,
생각해 봅니다.

내 위치는
오늘 진짜일까, 가짜일까?
한 번 더 깊이 돌아보게 되는 날입니다.

01/26

"나의 길 오직 그가 아시나니
나를 단련하신 후에 정금같이 나아오리라."
말씀을 그냥 따라 읽기만 해도
마음속에서 찬양이 저절로 고백됩니다.
한 번 부르고 두 번 부르고
계속해서 되뇌며 오늘을 살아 내 봅니다.
정금까지는 아직 멀고 멀었지만
주님 손에 붙들려 주님 곁에 붙어 있길 소망합니다.

01/27

살을 빼고 싶으면
조금 모자라게 식사하는 습관이 중요하고
돈을 벌고 싶으면
조금 덜 소비하는 삶을 살아가야 하지요.
믿음의 사람으로 이 땅에서 잘 살아가길 원한다면
조금 더 예수님을 알아가야 하고
조금 더 예수님을 잘 믿어야 가능해 질 것입니다.

01/28

오늘은 아침 일찍 일어나 기차를 탔습니다.
빠른 기차 덕분에 세상살이가 빨라지기도 했지만
빠른 기차 때문에 세상살이의 여유가 많이 사라지기도 했네요.
빨리 가는 것이 목적이 아니라
바르게 가야할 목적지에 무사히 도착하는 것이 중요합니다.
오늘도 내가 타야할 기차와 좌석을 꼼꼼히 확인합니다.
바르게 가야할 그곳으로!

01/29

어제도, 오늘도, 내일도 주님을 신뢰합니다.
아니, 주님만 신뢰합니다.
모든 사람은 결국 자신들의 편의에 따라
함께 일하며 도와주는 사람을 만나 살아가게 되지만
우리 주님은 부족해도, 연약해도
우리가 끝까지 주님만 신뢰하며 따라갈 때
모든 사람이 떠나도 우리와 함께하십니다.
오늘도 <주가 일하시네> 찬양의 고백에 두 손을 듭니다.

01/30

어제까지의 내 모습을 돌아보면
주님 앞에서 죄의 모습으로 빵점일 수 있지만
오늘 진심 어린 회개의 모습으로
주님 앞에서 다시 백점으로 회복될 수 있습니다.
내일부터는 죄와 싸워 이기고
주신 사명대로 영혼 구원의 사명을 잘 감당하다
주님 앞에 서는 어느 날
"잘 하였도다 착하고 충성된 종아"라며
칭찬받는 만점자가 될 수 있기를 바랍니다.

01/31

하나님께 할 수 있는 최고의 효도는
바로 영혼 구원일 것입니다.
죽어 가는 영혼, 잃어버린 한 영혼, 방황하는 한 영혼을
다시 주님께로 인도하는 일이 바로 아버지 하나님께
최고로 드릴 수 있는 효도겠지요.
평생 불효자로 살아온 자녀가 그저 한 번 죄송하다고
말하는 후회보다 진심 어린 회개와 반성 후에
부모님께 최선을 다해 효도하며 살아가야 하는 것처럼
주님을 다시 기쁘게 하는 삶을 살아가야 합니다.

Part 2
사랑

사랑 안에 두려움이 없고
온전한 사랑이 두려움을 내쫓나니

요한일서 4:18

02/01

나는 오늘도 누군가에게
힘이 되는 사람인지, 짐이 되는 사람인지
한 번 더 생각해 보게 됩니다.
또 나는 주님께 힘이 되는 사람인지,
짐이 되는 사람인지 여러 번 생각해 보아도
답은 하나입니다.
여전히 날마다 짐이 될 뿐.
그래도 주님의 긍휼로 주시는 새 힘으로
오늘도 다시 은혜로 살아갈 뿐.
주님께 감사할 뿐입니다.

02/02

어두운 밤, 창밖 십자가가 보이면 그냥 좋습니다.

한 번 더 묵상하게 되고,

한 번 더 생각하게 되니

하루 종일 있었던 모든 일이

평안하게 정리되는 것 같습니다.

우리에게 주신 십자가의 사랑을 잊어버리지 않기를,

이 시대 속에 우리에게 주신

그 사랑을 잃어버리지 않기를 바라며

이 밤, 십자가의 길.

그 길을 함께 따라가길 소망합니다.

02/03

이 땅에서 무언가를 책임지려 애쓰기보다,
이 땅에서 하나님을 더 사랑하려고 노력할 때,
삶의 지혜와 총명을
얻을 수 있음을 배웠습니다.
오늘도 하나님을
더 사랑하는 하루가 되길 소망합니다.

02/04

세상을 살아가며, 누군가에게 존중받고 있다는 것이 느껴지면
갑자기 없던 힘도 생기고,
포기하고 싶고 절망적인 순간에도
새 힘을 낼 수 있는 원동력이 됩니다.
하지만 사람과 사람이 살아가는 세상에서는
가까운 사람도,
나를 잘 안다던 사람도
끝까지 나를 존중하고 사랑하기는
불가능한 것 같습니다.
그래서 더더욱,
그럴 때마다 하나님께 감사하고
하나님만을 의지할 수 있음이
얼마나 큰 은혜인지요.
이 세상 사람들이 나를 몰라 주고,
조롱하고, 비웃는다 해도
오직 한 분, 예수 그리스도 주님만은
그 어떤 순간에도 나를 사랑하고 존중해 주시며
날마다 함께하심을 느끼기에,
그저 오늘도 더욱 감사의 마음으로
주님 앞에 나아갑니다.

02/05

참 많이 불쌍한 사람들이 있습니다.
많은 것을 가졌지만, 결국 혼자인 사람들입니다.
또 참 많이 행복한 사람들이 있습니다.
가진 것은 적더라도, 늘 함께인 사람들입니다.
어릴 땐 도무지 이해할 수 없었지만
조금씩 살아보니 알겠더군요.
행복한 삶이란 이런 것이구나 하고요.

혼자서 더 가지려다 결국 모든 걸 잃기도 하고,
조금씩 나누다 보면 오히려 더 많이 누리게 됩니다.
행복이란 단어는
멀리 있는 게 아니라,
참 가까이에 있는지도 모르겠습니다.

제 삶은 언제나 많은 분들의 사랑과 도움 속에 있었습니다.
그래서 지금까지 행복할 수 있었던 것 같습니다.
이제라도 더 행복한 내일을 위해,
조금씩이라도 '함께 사는 법'을 배워 가려 합니다.

02/06

어둠 속에는 무엇보다도 밝은 빛이 필요하듯이,
해 아래, 달 아래 살아가는 사람들의 어두운 심령에도
반드시 주님의 십자가 사랑으로 비추는
밝은 빛이 필요할 것입니다.

그러기에 믿음의 사람들은
절대 어두운 마음을 내일로 가져가서는 안 되고,
오늘 하루, 이 땅에서 만나는 모든 영혼에게
복음의 빛을 비추는 통로가 되어야 합니다.

오늘도 내 마음속 어둠을
은혜의 빛으로 이겨 내며,
다시금 주어지는 그 자리로
어둠을 헤치고 복음을 들고 달려갑니다.
그리고 내일의 은혜를 사모하며,
오늘도 그렇게 살아가려 합니다.

02/07

나이가 들수록,
사역을 할수록,
주님을 알수록
더 깊어지는 생각은,
'내가 얼마나 부족한 사람인가'라는 사실입니다.
그런 나인데도
주님은 얼마나 나를 사랑하시는지
알수록 부끄럽고, 죄송하고,
언제나 빚진 마음뿐입니다.
오늘도 그 마음을 깨닫게 하시는
주님께, 그저 감사드릴 뿐입니다.

02/08

말하지 않아도 아는 마음이 있습니다.

아무리 좋은 결과라 해도

그 마음까지 속이며, 상처 주며 얻은 열매는

결코 좋은 열매가 아닐 것입니다.

말하지 않아도 아는 마음은,

굳이 그러지 않아도

더 주지 못해 늘 미안한 마음일 것입니다.

잊지 마십시오.

진짜 마음이, 언제나 먼저입니다.

02/09

사랑받은 사람이 다시 사랑을 줄 수 있고,
용서받은 사람이 다시 용서를 할 수 있는,
그런 사람이 될 수 있습니다.
그러니 오늘부터 우리는
더 사랑하고,
더 용서해 주어
사랑과 용서를 아는
다음 세대를 세워 가야 할 것입니다.

02/10

하나님이 나를 최고로 사랑하시는데,
내가 하나님이 아닌 사람에게, 세상에게
최고로 마음을 주어서는 안 될 것입니다.
세상이 이해하지 못해도,
믿음의 사람에게는 언제나
1순위도, 최고도
오직 하나님뿐임을 고백하며
주님께 마음을 드립니다.

02/11

믿음의 사람으로 살아갈 때,
그분의 사랑을 절대 잊지 말아야 하는데,
살아가며 너무 쉽게 잊어버리며
사는 것은 아닌지 돌아 봅니다.
십자가 사랑을 기억하며,
그 사랑을 조금이라도 닮아 갈 수 있는
오늘 하루가 될 수 있기를
진심으로 소망하며 기도합니다.

02/12

사람은
내가 행복하고, 내가 만족하기 위해 살아갈 때는
결국 지치고 힘들어 포기할 수 있지만,
사랑하는 사람이 행복해지기 위해 살아갈 때는
매일 힘이 나고, 지치지 않고 살 수 있습니다.
이 시대가 혼란스럽든지, 그렇지 않든지
사랑하는 예수님과 사랑하는 다음 세대를 위해 살아왔고,
힘들고 어려운 날이 와도
날마다 생기는 새 힘을 주님이 주셨기에
오늘도 힘내서 복음을 들고 걸어갑니다.

02/13

나의 모든 말과 행동이
주님께 기쁨이 되기를 소망합니다.

사람 앞에서가 아니라,
보이지 않는 자리에서도
주님이 바라보시며 미소 지으실 수 있는 삶,
그런 하루하루를 살고 싶습니다

오늘도, 그리고 내일도
나의 모든 순간이
주님께 향한 찬양이 되기를,
그분의 기쁨이 되기를 간절히 바랍니다.

02/14

어느 날엔 우리도 엄마, 아빠가 되어 있을 것입니다.
또 어느 날엔, 그리운 마음에 엄마 아빠를 찾아가는
나이가 되어 있을지도 모르지요.
삶은 그렇게 돌고 돌아,
사랑을 주고받는 순환 속에 이어지는 것 같습니다.
오늘도 주어진 하루 속에서
사랑의 마음을 전하러 길을 나섭니다.
멀고 피곤해도, 그 마음 하나로 움직입니다.
가족과 함께 있다는 것,
그 마음을 전할 수 있다는 것이
참으로 감사이고, 곧 행복임을 느낍니다.
그래서 오늘도, 조금 더 힘을 내어 사랑을 향해 달려 봅니다.

02/15

참 바빴던 주일 사역을 다 마치고,
졸린 눈을 비비며
멀리 있는 마음 아픈 동생을 찾아가
손 한 번 잡아 주고,
한 번 찐하게 안으며
등 한 번 쳐 주고 돌아왔습니다.
사람이 사람에게 해줄 수 있는
가장 소중하고 값진 일은
아마도 사람이 사람에게
마음을 주는 일이겠지요.
오늘도, 앞으로도
그 마음 변치 않고 살아가길 소망합니다.

02/16

이 세상을 살아가다 보면,
어쩌면 사람에게 잊힐 수도,
버려질 수도 있지만,
내가 믿는, 우리가 믿고 따르는 하나님은
언제나 우리의 중심을 보시기에,
어떤 일이 있어도 하나님께 잊히지 않도록,
아니 내가 하나님 곁을 떠나지 않도록
마음의 중심을 흔들림 없이 지키고,
심지를 견고히 하며 살아갈 수 있기를 기도합니다.

"여호와께서 사무엘에게 이르시되 그의 용모와 키를 보지 말라 내가 이미 그를 버렸노라 내가 보는 것은 사람과 같지 아니하니 사람은 외모를 보거니와 나 여호와는 중심을 보느니라 하시더라"(삼상 16:7).

02/17

주님이 나에게, 우리에게 받고 싶어하시는 건
단 하나, 나의 마음,
우리의 진실된 마음 하나입니다.
내가, 우리가 주님께 받고 싶은 것은
주님의 마음만이 아니라,
이 땅에서 필요한 것들이 너무 많습니다.
그저 죄송하고 부끄럽습니다.

02/18

조건이 맞아서 행복을 느끼는 사람은
그 조건이 달라지면 언제든지
다시 불행해질 수 있습니다.
하지만 아무 조건 없이 행복을 느낄 수 있는 사람은
상황이 바뀌어도 여전히 행복할 수 있습니다.
주님께서 나를 향해, 우리를 향해 주시는
조건 없는 사랑 때문에 느끼는 오늘의 행복은,
세상이 아무리 변해도
흔들려서는 안 될 것입니다.
주님 앞에 서는 그날까지, 그분의 사랑 안에서
변함없는 기쁨과 평안을 누리며 살아가길 소망합니다.

02/19

하나님이 나를 무조건 사랑하시기에,
나 또한 무조건 하나님을 사랑합니다.

그분의 사랑에는 이유가 없고,
그 사랑은 언제나 먼저였습니다.
그래서 나의 사랑에도 이유를 달지 않으려 합니다.

잘할 때만, 응답이 있을 때만 사랑하는 것이 아니라
아무런 조건 없이, 그저 하나님이시기에 사랑합니다.

그분의 변함없는 사랑 안에서
나도 오늘, 그렇게 사랑하기로 다짐합니다.

02/20

세상에서 오늘 가장 행복하다고
말할 수 있는 사람은,
아마도 사랑하는 이에게 용서받은 사람이 아닐까요?

그리고 믿음의 사람 중에서
가장 행복하다고 말할 수 있는 사람은,
하나님께 자신의 죄를 고백하고 회개하며,
하나님과 사람, 그리고 자신에게
용서받은 사람일 것입니다.

02/21

검은 안경을 쓰면 세상이 다 검게 보이듯,
사탄의 안경을 쓰면
세상의 모든 것이
사탄의 마음으로 보이게 됩니다.
성령의 안경을 쓰면
세상의 모든 것을
주님의 마음으로 보게 됩니다.
나는 어떤 안경을 쓰고 세상을 살아갈지
잘 생각하며, 바르고 깨끗한 은혜의 안경으로
바꿔 써야 할 것입니다.

02/22

자녀를 사랑하는 부모는
자녀의 잘못을 무조건 혼내거나 다그치는 사람이 아닙니다.
그들의 아픔과 문제를 이해하고,
끝까지 품으며 사랑으로 함께 해결해 주는 사람이지요.

한국 교회 안에서 다음 세대를 사랑하는 어른들도 마찬가지입니다.
부모의 마음으로 그들의 어려움을 바라보고,
주님의 마음으로 함께 해결하려 노력하는 사람,
그가 바로 진짜 사랑을 실천하는 사람일 것입니다.

02/23

도로를 달리는 차가 브레이크가 고장 나면,
그보다 더 위험한 차는 없지요.
사고가 나면 자신도, 다른 사람도
다치게 되니 늘 점검을 잘해야 합니다.

사람도 마찬가지입니다.
자기 말에 브레이크가 고장 나면,
그보다 위험한 사람은 없습니다.
멈추지 않고 내뱉은 말 한마디가
결국 자신도, 다른 사람도
아프게 하고 힘들게 만들 수 있으니까요.

02/24

못생긴 나무가 산을 끝까지 지킨다 하지요.
힘없는 자녀가 끝까지 부모 곁을 지킨다 하고요.
부족한 사람은 끝까지 주님만 의지하며 살아갑니다.

못나서도, 없어서도, 부족해서도 잘하지 못하지만,
그럼에도 날마다 주님만 바라보며
끝까지 주어진 길을 걸어가고 싶습니다.

02/25

하나님을 따라간다는 건
20대는 아무것도 몰라서 어려웠고,
30대는 알다가도 모르겠어 어려웠고,
40대는 조금 알 것 같은데도
여전히 참 많이 어렵습니다.
그냥 오늘도
주어진 자리에서
한 걸음 한 걸음
따라갈 뿐입니다.

02/26

부모님의 마음을 미리 헤아리고,
미리 준비해 움직이는 자녀가
진심으로 부모님을 존경하고 사랑하는 자녀이듯,

주님의 마음을 미리 알아
미리 준비해 순종으로 움직이는 자녀가
진심으로 주님을 사랑하고 따르는
참된 제자일 것입니다.

02/27

진눈깨비가 내리는 날이었습니다.
따스한 봄날을 시작하는 봄비인가 했는데
알고 보니 겨울을 보내기 싫어하는 눈으로 변해 버렸네요.
아무리 눈이 많이 오고 날씨가 추워져도
따뜻한 봄 햇살을 막을 수 없을 테니
오늘도 믿음의 정답을 알기에
함께 힘내서 영육의 추위를 잘 이겨 내길 소망합니다.

02/28

사랑한다, 기도한다, 귀하다, 존경한다, 함께한다,
아들 같다, 딸 같다, 가족 같다, 잊지 않는다, 평생 함께한다……
이러한 수많은 말을 그저 자신의 감정대로 말만 하고
기억도 못하며 살아가는 사람들을 봅니다.

어느 날 돌아보니
정말 아무 말 없이 그냥 조용히 옆에서
함께 있어 주며, 정말 가족이 아니면 못하는 일들을
아무 조건 없이 자신의 일처럼
마음 다해 함께해 주는 사람들을 봅니다.

말로만 살아가는 믿음의 삶이 아니라,
말없이, 아니 말을 줄이며
진심 어린 행함으로
믿음의 삶을 살아야 함을 다시 한 번 깨닫습니다.

주님 앞에서 부끄럽지 않은
믿음의 삶이 되길 소망합니다.

Part 3
동행

내가 항상 주와 함께 하니
주께서 내 오른손을 붙드셨나이다
시편 73:23

03/01

하나님께서 우리와 영원히 함께하심을
어제도 믿었고, 오늘도 믿으며, 내일도 믿기에
오늘도 십자가 앞으로 나아갑니다.

힘없는 우리의 인생을 보호해 주심을
어제도 믿었고, 오늘도 믿으며, 내일도 믿기에
오늘도 십자가 앞으로 나아갑니다.

03/02

이 땅의 도로를 달리는 자동차는
계속해서 기름을 넣어주지 않으면
결국 도로 위에서 멈출 수밖에 없는 것처럼,

이 땅을 살아가는 믿음의 사람들도
계속해서 은혜를 받지 않으면
결국 믿음의 삶도 멈출 수밖에 없습니다.

오늘도 주님의 은혜와 긍휼을 구하며
나아갈 뿐입니다.

03/03

아무리 많은 사람이 불빛을 밝혀도
밤의 어둠을 완전히 막을 수는 없고,
어둠이 아무리 깊어도
아침의 빛을 막을 수는 없듯이

아무리 세상이 힘들고, 삶이 버거워도
주님의 은혜는 결코 막을 수 없고,
새날의 소망도 꺾을 수 없습니다.

03/04

이 땅을 살아가다 보면,
가끔은 망망한 바다 위에 떠 있는
작은 배 같은 마음이 들 때가 있습니다.
혼자인 것 같고, 길이 헷갈리고, 어디로 가야 할지 몰라
막막하게 떠다니는 느낌.
아니, 그저 넓은 바다 위에 홀로 떠 있는 것만 같은 순간들이
우리 삶에도 찾아오지요.

그러나 생각해 보면, 세상의 모든 배는
돌아갈 항구가 있고, 향해야 할 목적지가 있습니다.
믿음의 사람들도 마찬가지입니다.
우리에겐 언젠가 돌아갈 하늘이 있고, 품어주실 주님이 계시니까요.
그래서 인생이라는 바다 위에서 결코 혼자가 아니라는 사실,
주님이 언제나 함께하심을 믿기에, 이 밤도, 다시 평안입니다.

내가 만약 하나님을
조금만 더 일찍 알았더라면,
내 인생의 많은 것이
달라지지 않았을까 생각합니다.
하지만, 하나님을 점점 더 알아갈수록
내 삶이 새롭게 바뀌고 있기에,
지금이라도, 더 깊이
하나님을 알아가기를 소망합니다.

03/06

나의 약함이 나의 자랑이 되고,
나의 실패가 나의 간증이 되며,
나의 아픔이 나의 영광이 되어
부르심을 따라 걸어갈 힘이 될 것을 믿기에
오늘도 계속 고백하며 찬양합니다.

처음 믿음이 생겼을 때도,
은혜 안에 자라갈 때도 그랬지만,
요즘은 특히 주님 안에서
수많은 자랑과 간증, 그리고 영광을
하루하루 보며 살아가고 있음에
그저 감사할 뿐입니다.

03/07

영적인 불경기 없이,
오늘도 주님과 가장 뜨겁게 동행하며
은혜 안에 살아가고 있음을 느낍니다.

그 사실 하나만으로도
마음 깊이 감사가 흘러나옵니다.
이 뜨거움이 식지 않게,
주님 안에서 은혜의 걸음을
끝까지 이어가길 소망합니다.

03/08

자녀가 아무리 노력하고 애써도
부모의 마음을 다 알 수 없는 것처럼,
믿음의 자녀들이 아무리 애쓰고 수고해도
하나님 아버지의 마음을
다 헤아릴 수는 없겠지요.

그러나 세월이 지나 때가 되어
부모의 마음을 조금씩 알아가고
그 은혜를 갚아보려 애쓰듯,
이제라도 주님의 마음을 알고
그 은혜를 조금이라도 갚으며 살 수 있기를
소망해 봅니다.

03/09

이전에 누군가에게 심하게 혼난 적이 있는 사람은
다시는 같은 실수를 반복하지 않으려 하고,
말과 행동 하나하나를 조심하며 살아가게 되지요.

그처럼, 이전에 주님께
진심으로 책망받은 적이 있는 사람은
다시는 같은 죄를 반복하지 않으며,
믿음의 길을 걸어갈 때에도
더 조심조심,
더 깊이 주님을 따르게 될 것입니다.

03/10

거짓말은 빨리 들켜야 오히려 축복입니다.
들키지 않은 거짓말로 기뻐하고 즐기며 쾌락을 누리다 보면,
결국 더 큰 거짓의 주인공이 되어
모든 기쁨을 빼앗기고 마는 슬픈 미래만 남게 됩니다.

세상에서 거짓으로 성공한 사람들을 부러워하다 보면,
그 성공이 신기루처럼 사라지는 날을 마주하게 되지요.

거짓된 성공이 아닌,
정직과 진실함으로 다시 시작하는 오늘이
진짜 성공한 미래의 시작이 될 것입니다.

03/11

믿음의 삶 속에서 내 안에, 우리 안에 스며드는
사단의 틈을 쫓아내려 애쓰기보다,
그 틈조차 내어주지 않기 위해
더 깨어 애쓰고 싸워가야 할 것입니다.

혼자 있는 시간이 길어질수록
마음이 느슨해지고, 나도 모르게 위축될 때가 있습니다.
하지만 바로 그런 순간에야말로
더 단단한 믿음의 열매를 맺어야 합니다.

믿음은 평안할 때 자라는 것이 아니라,
흔들릴 때 더욱 깊어지는 것이니까요.

03/12

하나님 앞에서도, 사람 앞에서도
결코 아까운 사람이 되지 말아야 합니다.
여기까지 오는 길도 결코 쉽지 않았는데,
한순간의 욕심으로 무너져서는 안 되겠지요.

이제 다시, 시작의 은혜를 기억하며
진실한 회개로 내 모습을 돌아보고,
하나님 앞에, 사람 앞에 바르게 설 수 있기를 간절히 바랍니다.

그리고 다시, 원위치로 돌아갈 수 있기를
깊이 소망해 봅니다.

03/13

하나님의 은혜는 언제나 현재진행형인데,
나의 믿음은, 우리의 믿음은 자꾸만 멈춤형이 되어
주님을 따라 나아가기보다
제자리에 머무르려 할 때가 많습니다.

그렇게 멈춰 있다가
어느 날부터인가 밀리기 시작하면,
주님의 은혜와 점점 더 멀어질 수 있습니다.

그러니 오늘부터라도,
한 걸음씩 주님과 함께
다시 나아가야 할 때입니다.

03/14

하나님의 손에 들린 막대기는
언제든지 나의 죄를 깨닫게 하시고
징계하시는 심판의 막대기가 되며,

하나님의 손에 들린 지팡이는
언제든지 나의 길을 바르게 이끄시는
사랑의 지팡이가 됩니다.

그러니 오늘도,
하나님의 막대기로 얻어맞을 대상이 아니라
긍휼의 지팡이로 인도함 받는 자로
살아가게 하소서.

03/15

하나님의 일은 하나님이 급하실 때 이루어지고,
하나님의 때가 되어야 움직이는 것입니다.
결코 우리가 급하다고,
우리의 때가 되었다고 외친다고 해서
되는 일은 아닙니다.

그러니 우리는
하나님의 마음을 알아야 하고,
그분의 때를 기다릴 줄 알아야 합니다.
그리고 하나님이 일하실 때,
즉시 순종함으로 함께 움직일 수 있는
믿음의 민첩함을 갖추어야 합니다.

03/16

회개를 해야 은혜를 받는 것이 아니라,
은혜를 받아야 비로소 회개할 수 있습니다.

그래서 "회개하라"고 외치기보다,
함께 은혜를 사모하며 애쓰는 시간이
더 귀하고, 더 소중하지요.

03/17

용변을 보고는 다시는 화장실에 가지 않을 것 같아도
얼마 지나지 않아 또다시 찾게 되듯,
은혜를 받고는 다시는 죄를 짓지 않을 것 같아도
얼마 지나지 않아 또다시 죄 앞에 서 있는
우리 자신의 모습을 잊지 말아야 합니다.

그래서 은혜 후에는 더욱 깨어 있어야 합니다.
넘어짐을 잊지 말고,
깨어 기도하는 자리에 머물러야 합니다.

03/18

절대 교만해지지 말고,
절대 게을러지지 마십시오.

믿음의 삶을 살아가는 사람이라면
어떤 일이 있어도
교만을 조심하고, 게으름을 멀리해야 합니다.

교만한 사람의 머리에는 뿔이 자라고,
게으른 사람의 엉덩이에는 꼬리가 생겨나
결국 그 뿔에 스스로 부딪혀 무너지고,
그 꼬리가 밟혀 넘어지게 됩니다.

믿음의 사람은
언제나 낮은 마음과 부지런한 걸음으로
주님을 따라가야 합니다.

03/19

육의 마음으로 살아가다
은혜를 받아 영의 마음으로 변하면
참 복된 일입니다.
하지만 그 자리에 머무른다면,
나만 은혜받아 변한 것 같아도
결국 혼자만 아는
교만한 모습이 될 수 있습니다.

조금이라도 더 은혜를 사모하며
영의 마음을 천의 마음으로 바꿔갈 때,
비로소 주님이 내게 주신 은혜로
다른 영혼들을 먼저 돌보고 섬길 수 있는
참된 사명자가 될 것입니다.

03/20

기도한 만큼,

순종한 만큼,

희생한 만큼,

인내한 만큼,

수고한 만큼,

감사한 만큼,

사랑한 만큼—

그만큼,

반드시 열매가 맺혀질 것입니다.

만큼, 만큼,

살아온 만큼,

견뎌낸 만큼,

주님의 뜻대로 걸어온 만큼,

주님의 뜻대로 버텨낸 만큼,

그만큼,

주님의 일을 보게 될 것입니다.

03/21

나의 삶 속에서
하나님으로부터 시작된 일은 언제나 '짱'으로 응답되어,
가장 최선의 열매로 돌아오며
승리의 은혜를 누리게 됩니다.
하지만 나의 삶 속에서
내 욕심으로부터 시작된 일은
어김없이 '퍽' 소리 나며
깨진 그릇처럼 무너지고,
결국 언제나 최악의 실패로 돌아오고 맙니다.
그래서 오늘도 다시 깨닫습니다.
시작이 하나님이어야, 끝도 은혜임을.

03/22

내가 죄를 짓고 있을 때는
죄인인 줄조차 잘 깨닫지 못합니다.
하지만 죄의 자리를 떠나
은혜의 자리에 서게 될 때,
그제야 비로소
내가 얼마나 죄 가운데 살아왔는지를
알게 됩니다.
그러니 지금,
있는 자리를 잠시 멈추고
주님의 말씀 앞에 나아올 수 있다면,
그 순간이 바로,
다시 은혜가 시작되는 자리가 될 것입니다.

03/23

하나님은 언제나 내 편이십니다.
그리고 나도, 우리도 언제나 하나님 편에 서 있어야 하지요.

하나님은 어제도, 오늘도, 내일도
변함없이 나의 편이신데,
나는, 우리는 그날그날의 기분과 상황에 따라
하나님을 등지고 세상 편에 설 때가 있습니다.

그래서 오늘도
그저 주님 앞에 죄송한 마음,
부끄러운 마음뿐입니다.

03/24

하나님이 아담을 부르실 때,
하나님이 모세를 부르실 때,
하나님이 사울을 부르실 때,
그 음성은 천둥소리처럼, 번갯불처럼 들려왔습니다.
그리하여 그들은 자신의 모습을 돌이키고
새로운 길을 시작할 수 있었습니다.

오늘도 주님께서 내 이름을 부르시며 말씀하실 때,
그 음성이 천둥처럼, 번개처럼
내 마음 깊은 곳에 울려 퍼져
나의 모습, 우리의 모습을 돌이키게 하시고,
다시 시작할 수 있는 은혜가 임하기를
간절히 소망합니다.

03/25

내가 움직여서, 행동으로 드리는 회개보다
더 좋은 회개는 없습니다.

주님께서 말씀으로 하나하나
나의 죄를 비춰 주실 때,
가장 먼저, 가장 급히, 가장 빠르게 회개하며 움직일 때,
그때 우리는 다시금
주님이 허락하신 기회의 주인공이 될 것입니다.

03/26

예수 믿고 복을 받으려는 마음으로 믿지 말고,
예수 믿고 바르게 살아가다 보니
저절로 복의 주인공이 되는 삶을 살아가야 합니다.

하나님께 무언가를 받으려는 마음보다,
나 자신을 더 드릴 수 있는 믿음이
내 안에 자라나기를 소망합니다.

03/27

물고기가 물속에 있어야 살아갈 수 있듯,
내 영혼도 주님 안에 있을 때에만
참된 생명을 누릴 수 있음을 고백합니다.

주님,
나의 영혼을,
우리의 영혼을 불쌍히 여기소서.
오직 주님의 긍휼로
오늘 하루도 숨 쉬고, 살아가게 하소서.

03/28

믿음이 생기고,
은혜를 받아 일어나는 가장 큰 부흥은
눈에 보이는 기적이나 성장이 아니라,
내 자신이 조금씩 변해가는 것,
그것이 바로 진짜 부흥일 것입니다.

주님,
진심으로, 전심으로 구합니다.
내 안에,
우리 안에
참된 부흥이 일어나게 하소서.

03/29

주님 앞에 서는 날,
내가 나 자신에게
"정말 잘했다."
그 말을 해줄 수 있기를 바랍니다.

한평생 참 많은 일들이 있었지만,
그래도 잘 깨닫고, 잘 회개하며 살아왔다고
담담히 고백할 수 있기를 소망합니다.

광야 같았던 내 삶을 지키시고, 도우시고,
다시 회복시켜 주신 주님께
그날에는 이렇게 고백하고 싶습니다.
"주님, 참 잘하셨습니다."

그 한마디로
모든 시간이 은혜였음을,
모든 길이 주님의 사랑이었음을
감사하며 마무리할 수 있기를
진심으로 소망해 봅니다.

03/30

하나님께 들키는 순간부터
회복도, 용서도, 긍휼도 시작됩니다.

오늘도 하나님 앞에서
나의 모든 모습이 그대로 들켜지고, 드러나고,
발견되는 하루가 된다면,
그 순간이야말로
진짜 은혜임을 깨닫게 될 것입니다.

03/31

내가 잘하고 있었고,
잘한 줄 알았습니다.
그런데 시간이 흐르고, 다시 나를 바라보니
잘못하고 있었고, 잘못한 것을 이제서야 알아가고 있습니다.

그래서 다시 잘해보려 하고,
진짜 잘하려고 애쓰지만,
시간이 지나도 내가 진짜 변하는 일,
그것이 가장 어렵다는 걸 이제는 압니다.

그래서 오늘도,
그저 주님만 바라봅니다.

Part 4
인내

인내는 연단을,
연단은 소망을 이루는 줄 앎이로다

로마서 5:4

04/01

참 많은 일들의 변화가
보이게, 또 보이지 않게
일어났던 날들이었습니다.
받아들여야 했고,
참아 내야 했고,
견뎌 내야만 했던 시간들이었지요.

그저 옆에서 함께 기도하며
조용히 함께 살아내는 일,
우리 주님이 언제나 우리 곁에서
그렇게 하셨던 것처럼,

오늘도 우리 역시
주님이 가신 그 길을 따라가길
소망해 봅니다.

04/02

아무리 조심, 조심한다 해도
봄날에도 한 번쯤 찾아오는 환절기 감기처럼,
살다 보면 아무리 조심해도
피할 수 없는 일들이 참 많은 것 같습니다.

그럴 땐,
감기가 찾아오면 잘 달래서 내보내듯,
힘들고 어려운 순간들도
부드럽게 받아들이고, 조용히 견뎌내야겠지요.

그리고 나서 다시,
따뜻한 햇살 아래서
새 힘을 내어 살아갈 수 있는
작은 회복의 봄이 되기를 바라며,

오늘도,
다시 한 번 힘내봅니다.

04/03

내가 내 발로 선택해 걸어가는 광야의 길,
내가 스스로 내려가지 않으면
결국 하나님께서
그분의 방법으로, 그분의 때에
내려가게 하실 것입니다.

그러니 오늘도,
주님의 뜻에 순종하며
겸손히 따라가게 하소서.

이 광야가 단지 고난의 광야가 아니라,
주님과 함께하는 광야가 되게 하시고,
고난의 시간 속에서
내 믿음이 더욱 단단히 연단되게 하소서.

주님께 받은 십자가의 사랑,
내게 맡기신 십자가의 사명.
잊지 않고 기억하며,
이어지는 날들을 잘 살아가게 하소서.

04/04

늘 다니던 도로이니
이제 웬만하면 방향도 알고,
과속 단속 카메라가 어디 있는지도
알 때가 되었지만,
오래도록 내비게이션만 따라가다 보니
알면서도 모를 때가 있고,
몰라서 그냥 지나칠 때도 많네요.

늘 살아왔던 날들이니
이제 웬만하면 세상의 흐름도 알고,
고난의 때가 언제쯤 오는지도
감이 잡혀야 할 것 같지만,
오래도록 그저 하루하루를 버텨내느라
정작 모르고 지나친 것들이 많았습니다.

그래서 오늘도,
그저 주님의 긍휼만을 구합니다.

04/05

우리 앞에 태산이 높을수록
정상에 올랐을 때의 보람이 더 큰 것처럼,
이 땅에서 겪는 고난이 클수록
이겨내고 나아간 후에는
그만큼 더 큰 감사가 피어날 것입니다.

지금까지 걸어온 길도
태산처럼 결코 쉽지 않았지만,
돌아보면 모든 것이
결국은 감사였습니다.

앞으로 걸어가야 할 길도
여전히 쉽지 않겠지만,
그럼에도 오늘도
오직 주님만 바라봅니다.

04/06

지금은 내가 볼 수 없는 것들이 너무 많아
멀리서 가물가물 어른거리기만 합니다.

"운명이여 오라,
나 두려워 아니하리.
모든 일을 주님께 내어 맡기리.
차츰차츰 안개는 걷히고,
하나님이 지으신 빛이 뚜렷이 보이리라.
가는 길이 온통 어둡게만 보여도
하나님은, 실수하지 않으신다네."

오늘 부른 찬양의 그 고백이
하루 종일 귓가에 맴돕니다.

04/07

살다 보면
아무리 조심하고 애써도
피할 수 없는 바람들이
문득문득 우리 곁을 스쳐갑니다.

부디, 지치지 마시고
그저 스쳐 가는 바람처럼
가볍게 이겨내시기를 소망합니다.

저도 잠시 걸음을 멈추고
조용히 충전의 시간을 가지며,
은혜의 햇살이 머무는
봄의 하루를 기다려 봅니다.

오늘이라는 시간을 잘 이겨내며,
새로운 내일을
조용히 준비해 보려 합니다.

04/08

온몸에서 땀이
비 오듯 쏟아졌던 하루였습니다.

마음을 써야 하는 노동이 있고,
머리를 써야 하는 노동이 있고,
온몸을 써야 하는 노동이 있지요.

오늘은 마음도, 머리도, 몸도
모두 다 써야 했던 날이었습니다.

결과는 오직 주님만 아시겠지요.
그저, 최선을 다했을 뿐입니다.

04/09

밤이 어두울수록
십자가의 불빛이 더 선명하게 다가오듯,
삶의 고난이 깊을수록 십자가의 사랑과 능력도
더 강하게 드러날 것입니다.

"내 힘으로 안 될 때, 빈손으로 걸을 때
내가 고백해, 여호와 이레.
주가 일하시네, 주가 일하시네."

이 찬양을 힘껏 부르며
오늘도 더욱 십자가를 바라봅니다.
끝까지 믿음으로 이겨내길,
그 십자가의 능력 안에서 소망합니다.

04/10

하나님이 진정으로 사랑하시는 사람에게는
때로 고난이 유익이 되어
믿음을 키우는 통로가 되기도 합니다.

평생 다윗을 괴롭혔던 블레셋이
오히려 다윗의 믿음을 더 강하게 만들었듯,
우리 역시 지금
많은 어려움과 고통을 지나고 있지만,
그 속에서 믿음이 더 단단해지고,
더 깊어지고 있음을 믿습니다.

오늘도 힘을 내어 이겨내길 소망합니다.
하나님은 지금도 우리와 함께하십니다.

04/11

하나님 말씀을 알아가다 보면
정말 가슴 졸이는
수많은 '최악의 상황'들을 마주하게 됩니다.

하지만 놀라운 은혜로
그 최악을 최상으로 바꾸시는 하나님을 보게 됩니다.

지금도 여전히
상황은 최악일 수 있지만,
우리의 믿음이 흔들리지 않고
끝까지 주님을 의지하며
주어진 자리를 지켜낼 때,

하나님께서
그 최악을 다시 최상으로 바꾸실 줄 믿습니다.

04/12

어제도 하나의 산을 넘었더니,
오늘도 또 하나의 산 앞에 서 있습니다.
오늘 힘내어 그 산을 넘으면,
내일도 어김없이 또 하나의 높은 산이
우리 앞에 놓이겠지요.
산 너머 산.
이 땅을 살아가는 모든 믿음의 사람들 앞에
놓여 있는 숙제일 것입니다.
어차피 넘어야 할 산이라면,
오늘도 다시 주님의 손을 꼭 잡고,
복음을 들고,
담대히 넘어가길 소망합니다.

04/13

인생의 깊은 터널은
누구에게나 찾아옵니다.

그 터널 앞에서
끝이 보이지 않는다고 멈춰 서는 인생이 아니라,
넉넉히 통과할 수 있다는 믿음으로
걸어가야 할 길입니다.

어떤 고난 앞에서도
우리를 향한 주님의 사랑은 끊어지지 않으며,
그 어떤 어려움도
믿음으로 넉넉히 이겨낼 수 있음을 믿습니다.

그러니 오늘도,
믿음으로 힘을 내어
앞을 향해 나아가야 합니다.

04/14

온실 안의 화초는
아무리 예쁘게 피어도
험한 비바람 앞에서는
쉽게 뽑혀 버릴 수 있습니다.

하지만 거친 들판에서
비바람을 견디며 피어난 들꽃은
어떤 풍랑 속에서도
자기만의 향기를 잃지 않습니다.

그동안 온실 속 화초처럼
곱게만 신앙생활을 해왔던 우리가,
이제는 어떤 상황에서도
믿음으로 견뎌 내며,
예수의 향기를 잃지 않기를 소망합니다.

04/15

기적? 그런데, 기절!
성경 속 수많은 기적의 역사 앞에
놀라고, 부러워할 것이 아니라,
기절할 것 같은 현실 앞에서도
포기하지 않고,
쓰러지지 않고,
믿음으로 이겨 내어
기적 같은 오늘을 만들어 낸 믿음을
배워 가는 날들입니다.

04/16

사람의 말 한마디에,
다가오는 환경에
절대 흔들리지 않는 마음을 주옵소서.
또한, 내 말 한마디로
주어진 환경을 이겨내려 애쓰다
누군가의 마음을 흔드는 사람이
되지 않도록 저를 지켜 주옵소서.
오늘도, 내일도
처음 주신 마음을 잘 간직하며,
주신 사명 따라
끝까지 흔들림 없이 걸어가기를 소망합니다.

04/17

때로는 죽을 만큼 아팠던 마음이
어느 날은 언제 그랬냐는 듯 잊혀지고,
행복으로 가득 차기도 합니다.

세상에서 제일 행복한 사람처럼 느껴지다가도
또 어떤 날은 '불행'이라는 단어 외엔
떠오르지 않을 때도 있습니다.

삶도, 인생도, 그리고 사역조차
여전히 잘 모르겠지만,
하루하루 배우며
오늘을 살아가 봅니다.

04/18

잡초는 밟힐수록
더 잘 자란다고 합니다.

나도 이 땅에서
잡초 같은 인생처럼,
수없이 이 사람, 저 사람,
이곳저곳에서 밟히는 날들이 있을지라도

오히려 밟힐수록
더욱 주님만 붙들고 다시 자라나,
살아가는 날들이 부끄럽지 않은
하나님의 자녀로 남기를 기도합니다.

밟힘이 끝이 아니라,
다시 자라게 하시는 은혜의 시작임을 믿습니다.

04/19

이 땅에서 믿음의 삶을 살아가며
사람과 사람 사이에 문제가 생겨
마음이 힘들고 어려울 때,
그 사람과 싸워
내 뜻과 내 생각대로
문제를 해결하려 하지 않게 하소서.

어떤 문제가 있어도
하나님과 씨름하게 하시고,
하나님께서 하나님의 때에,
하나님의 방법으로
해결하시는 일을 보게 하소서.

그런 믿음의 삶을
오늘도 살아가게 하소서.

04/20

하나님은 우리에게
끊임없는 시련을 허락하시지만,
동시에 끊임없는 역전의 은혜도 허락하십니다.

오늘도 찾아온 시련이라는 담을
뛰어넘고, 또 뛰어넘어
마침내 역전의 주인공으로 세워 주실
주님을 바라보며
오늘 하루도 다시 힘을 내어 걸어갑니다.

04/21

내가 복음 때문에 겪는 어려움은 '고난'이라 부르고,
내가 죄로 인해 겪는 어려움은 '고통'이라 부릅니다.
이제는 죄로 인한 고통을 멈추고,
복음을 따라가는 고난의 길을 선택해야 할 때입니다.
주님이 지셨던 십자가처럼,
나도 그 십자가를 지고 따르며
복음의 일꾼으로 살아가야 할 것입니다.

04/22

진짜 믿음의 사람이라면,
삶에 어떤 일이 닥쳐도
그저 기쁜 척하는 사람이 아니라,
마음 깊은 곳에서 진짜 기뻐할 수 있는 사람일 것입니다.

무슨 일을 만나든
기쁨으로 이겨 내며,
찬양과 말씀으로 하루를 살아가는 사람.

그런 믿음의 사람이 되어
고난이라는 시험도 넉넉히 통과하길 소망합니다.

04/23

"주님, 고난의 바람이 불지 않게 해주세요."
라고 기도하기보다,
"주님, 고난의 바람을 헤쳐 나갈 믿음을 주세요."
라고 기도해야 할 것입니다.

삶 속에 광풍이 불어온다고
두려움에 멈춰 서 있기보다,
그 광풍을 뚫고 나아가는 믿음으로
오늘도 담대히 걸어가야 합니다.

04/24

내 인생의 가장 힘들고 어려운 날이
가장 빛나는 간증의 날로 바뀔 것을 믿기에,
오늘의 혼돈과 흑암과 어둠 속에서도
빛 되신 주님만 바라보며
다시 한 걸음씩 나아갑니다.
지금 이 시간이
믿음을 더욱 단단히 세워 갈 기회라면,
흔들리지 않고,
오히려 더 깊은 은혜의 정점을 향해 나아가야겠지요.
주님, 지치지 않게 하시고,
천국을 소망하며
오늘도 믿음으로 승리하게 하소서.

04/25

믿음의 사람이 이 땅을 살아가며
아직 고난을 몰랐던 시절에는
기도 제목도, 삶의 우선순위도
대부분 '나'를 위한 것이었습니다.
"주님, 나만 바라봐 주세요."
하지만 고난을 지나온 후에는
기도가 달라졌습니다.
"주님, 이제는 제가 주만 바라봅니다."
삶의 우선순위도 바뀌어
이제는 오직 주님께서
영광 받으시길 간절히 원하게 되었습니다.

04/26

진짜 부모라면,
자녀의 잘못 앞에서 먼저 마음 아파하고,
대신 용서를 구하며
다시 바르게 가르치려 애쓸 것입니다.
진짜 어른이라면,
다음 세대의 실수를 보며 속상해하고,
책임지듯 사과하며
더 나은 길을 가르치려 할 것입니다.
그런 진짜 어른들이
참 많이 그리운 시대를 살아가고 있어,
문득 마음이 아픕니다.

04/27

가장 지혜롭고 똑똑하게
오늘을 살아가는 사람은,
어제의 일에 묶이지 않고
오늘을 진짜 행복하게 살아가는 사람입니다.

어리석은 사람은
자꾸 어제의 일에 마음을 쏟고,
걱정과 근심을 키우다
결국 오늘의 행복을
모두 잃어버린 채 살아가게 됩니다.

그러니 우리도 진심으로
주님께 지혜를 구하며,
어제에 묶이지 말고
오늘의 일을 주님께 맡기며
새로운 하루를 걸어가야 합니다.

04/28

낮에는 해처럼,
밤에는 달처럼,
그렇게 살 수는 없을까요.
욕심 없이,
어두운 세상을 비추며
온전히 남을 위해 살아가는 삶.
쉽지 않겠지요.
아니, 어쩌면 불가능할지도 모르지요.
그래도 어릴 적부터 불러왔던 그 찬양,
달만 보면 어느새 입가에 맴도는 그 노래가
오늘도 마음 한켠을 살며시 건드려 줍니다.
비록 그렇게 사는 것이 어렵다 해도
잊지 말고 살아야겠지요.
내가, 그리고 우리가
어떻게 살아야 하는지를
다시 떠올리며
밤에 달이 뜨고, 낮에 해가 뜨듯
우리도 이 땅에서
어두운 곳에 작은 빛 하나라도
비출 수 있기를 소망합니다.

04/29

잡초는 밟힐수록 더 깊게 뿌리내리고,
한 번 해병은 영원한 해병이라는 말이 있지요.
믿음의 사람도 마찬가지입니다.
고난이 클수록 믿음은 더 단단해지고,
한 번 사명자가 된 사람은
영원히 복음을 전하는 사람으로 살아가게 됩니다.
예전과는 많이 달라진 시대,
결코 쉽지 않은 때를 살아가는
믿음의 다음 세대들이
이 시기를 통해 더 깊은 믿음을 품고,
주님 안에서 더욱 귀한 열매 맺는
시간이 되기를 소망합니다.

04/30

세상 사람들에게는
법대로 사는 것이 가장 공평한 일일 것입니다.
그러나 믿음의 사람들에게는
말씀대로, 주님의 뜻대로 행하는 것이
가장 지혜로운 길이겠지요.

험한 세상 속에서도
세상의 법을 바르게 따르되,
믿음의 지혜로 이 시대를 분별하며
오늘 우리에게 맡겨진 일을
성실히 감당해 가기를 소망합니다.

Part 5
공동체

누구든지 하나님의 뜻대로 행하는 자가
내 형제요 자매요

마가복음 3:35

05/01

가족 사이에서,
또 공동체 안에서 관계로 인해 힘들 때
내가 힘든 만큼,
상대는 나보다 두 배는 더 힘들 수 있다는
사실을 기억하십시오.
많은 문제는 다르게 보이고
더 바르게 해결될 수 있을 것입니다.
내가 받은 상처보다
상대가 겪는 아픔을 먼저 헤아리는 마음,
그 마음이 곧 주님의 마음이기에
오늘도 그 마음을
내게 허락해 주시길 기도합니다.

05/02

내가 조금 더 피곤해져서
누군가가 조금 더 힘을 낼 수 있다면,
오늘도 그 피곤함을
기꺼이 감당하고 싶습니다.

예전에 내가 지쳐 있던 날,
누군가 나 대신 더 피곤한 시간을
기꺼이 내어주었기에
지금의 내가 있을 수 있었습니다.

그래서 오늘도,
주어진 사명 따라
조금 피곤하지만,
기쁘고 즐거운 피곤함을 찾아
함께 살아가길 소망해 봅니다.

05/03

이 세상에 중요하지 않은 사람은 없습니다.

다만, 중요한 사람을 알아보지 못하는 사람이 있을 뿐이겠지요.

모두가 소중한 존재임을 기억해야 합니다.

사람은 기대의 대상이 아니라, 사랑의 대상입니다.

요즘은 선배 선교사님과 함께 예배드리며

말씀을 묵상하고, 기도하며,

또 배우고 배웁니다.

믿음의 사람들이 이 땅을 살아가며

결코 잊지 말아야 할 소중한 사명의 길,

때로는 힘들고 어려워도,

우리가 걸어야 할 그 길 위에서

오늘 하루, 참 아름다운 걸음을 내딛었습니다.

05/04

가족이든, 교회든, 어떤 모임이든
'나만 아는 사람'은 언제나
나만 힘들고, 나만 어렵다는 이야기만 하게 됩니다.
하지만 '모두를 아는 사람'은
언제나 함께 힘을 내고,
함께 이겨내려는 마음으로
'우리의 이야기'를 만들어 가려 하지요.
오늘도 나만의 이야기에 머물지 않고,
함께 걸어가는 이야기로 나아가길 소망합니다.

05/05

미친 사람처럼
평생 자식들을 먹이고 입히며
잘 살아보려 애썼던 어느 드라마의 주인공이
죽기 전 마지막 날, 이렇게 말하더군요.
"오늘이 내 인생에서 가장 행복한 날이었다."
어쩌면 우리 인생도 비슷하지 않을까요.
잘 살아보려 애쓰다 보면,
그것이 결국 내 욕심이었음을
하루라도 빨리 깨달을 수 있다면—
정말 이 땅에서
천국 같은 하루가 조금씩 늘어날지도 모릅니다.
너무 미워하지 말고,
너무 미안해하지 말고,
사랑하는 사람들을
하루라도 더 빨리 안아주고,
때로는 업어주고,
함께 걸어가며 살아갈 수 있기를 바랍니다.
우리의 평범한 날들이
내 평생 가장 기쁘고 감사한 날들이 되기를.

05/06

사람을 바라보며 세상을 볼 때는 결코 만족이 없습니다.
오직 나의 하나님, 그분을 뵐 때에만 참된 만족이 있음을
수없이 고백해 왔습니다.
그럼에도 우리는 사람을 통해 하나님의 마음을 알아가고,
세상 속에서 함께 살아가며 하나님의 뜻과 계획을
조금씩 배워가는 날들을 살아갑니다.
하나님, 사람과의 만남 속에서 하나님의 마음을 더욱 깨닫게 하시고,
세상 속을 살아갈 때 하나님의 지혜와 총명이 우리 안에서 사라지지 않게 하소서.
하나님의 마음을 온전히 알지 못하고, 지혜와 총명이 부족한 저희를
오늘도 불쌍히 여기시고 긍휼히 여겨 주옵소서.

05/07

사람의 말과 행동은
한 번쯤은 그럴 수 있습니다.
두 번이면 돌아볼 일이고,
세 번이면 마음 깊이 뿌리내린 것일 수 있습니다.

우리가 살아가며 내뱉는 말과 행동은
결코 되돌릴 수 없기에,
익숙한 말투와 습관일수록
한 번 더 생각하고, 점검하며
조심스레 살아가야 할 것입니다.

05/08

고마운 사람들, 미안한 사람들,

얄밉고 화나는 사람들,

사랑하는 사람들, 미워하게 되는 사람들,

행복해 보이는 사람들, 불행해 보이는 사람들…….

참 많은 사람들과,

참 다양한 삶의 조건과 환경 속에서

우리는 함께 살아갑니다.

그러나 결국,

모든 끝자락에서 우리를 맞이하시는 분은

언제나 주님 한 분뿐임을 고백합니다.

05/09

사랑하는 사람이 있다는 것,
사랑해야 할 사람이 있다는 것,
그리고 사랑하며 함께 살아가야 할 사람이
곁에 있다는 것.
오늘도 우리가 사랑하며 살아가고 있다는 사실은
그 자체로 참 큰 축복입니다.
어제처럼, 오늘처럼,
앞으로도 그렇게 사랑하며 살아가겠지요.
사랑하니까,
사랑해야 하니까,
더 많이, 더 깊이
사랑하며 살아야겠습니다.

05/10

혼자 살아간다면
혼자 책임지고, 혼자 감당하면 될 텐데
우리는 함께 살아가는 세상에 있으니
함께 책임지고, 함께 감당하며 살아가야 하지요.
그래서 많은 일이
참 어렵게 느껴질 때가 있습니다.
그럼에도 오늘도,
함께 살아가는 이 세상 속에서
함께 걸어갈 길을 고민하고,
기도하며 살아가길 소망합니다.
주여, 이 나라와 한국교회,
그리고 다음 세대를 긍휼히 여겨 주소서.

05/11

믿음의 삶을 살아가며
주님 앞에서, 교회 공동체 안에서
애물단지처럼 이러지도 저러지도 못한 채
머무르는 신앙이 되지 않게 하소서.

오히려 꿀단지 같은 존재로,
주님께는 영광이 되고
공동체에는 기쁨이 되는 삶을
살아가게 하소서.

05/12

우리가 살아가는 이 세상에서,
내가 잘못하지 않았어도
"제가 잘못했습니다"라고 말할 수 있는 곳.
그곳이 바로 예수님을 믿는 사람들이 모인 교회,
성도의 공동체일 것입니다.
아무 죄도 없으셨지만 우리를 구원하시기 위해
기꺼이 십자가를 지신 예수님처럼,
비록 목숨 걸고 영혼을 살려내지는 못하더라도
희생하고 섬기려는 마음,
그리고 그 마음을 행동으로 옮기려는 노력이
우리에게는 마땅한 믿음의 걸음일 것입니다.

05/13

믿음의 사람들이 서로 조금 달라도,
같은 믿음의 길을 걷는 진짜 믿음의 가족이라면
서로를 물고 뜯고 비난하며
상처를 주는 시간이 아니라,
다름 속에서도 서로를 존중하고,
서로 도우며 함께 사명의 길을 걸어가는
동역자가 될 수 있기를 바랍니다.
진짜 믿음이라면
결국 함께 자랑이 되고,
함께 승리의 길로 나아가게 될 것입니다.

05/14

이웃은 서로의 의무만 다하면 되는 관계일지 모릅니다.
하지만 가족은, 함께 아파하고 함께 책임을 나누는 존재이지요.
그래서 이웃처럼 필요한 만큼만 돕고
거리를 두는 사람이 아니라,
믿음 안에서 '한 가족'이라 부를 수 있는,
진심으로 함께 걸어 줄 한 사람의 동역자가
우리 곁에 꼭 있기를 소망합니다.

05/15

믿음의 사람이라면,
가족과 친구, 이웃을 만날 때
내가 하고 싶은 말이 아니라
주님이 그들에게 들려주고 싶어 하시는 말을
지혜롭게 전할 수 있어야 하겠지요.
"교회 다닌다", "믿음 있다"고 말하면서도
세상 사람들과 다르지 않은 말투와 주제로 이야기한다면,
오히려 말하지 않은 것보다
더 안 좋은 결과를 낳을 수도 있습니다.
우리의 말이
주님의 마음을 담아내는 통로가 되기를,
오늘도 지혜를 구합니다.

05/16

봄날, 꽃구경 가는 고속도로 위
수많은 차량과 사람들 속에서
"꽃보다 예배 드리러 가면 좋겠다"는 마음이 들었습니다.
그 마음으로 '꽃보다 예배'라는 주제로
번개탄 공개방송 예배를 준비하게 되었고,
오늘 그 예배를 무사히 마쳤습니다.
하늘의 꽃처럼 아름다운 믿음의 성도님들,
청년들의 뜨거운 섬김과 수고,
목이 쉬도록 찬양하며 함께한 동료들,
그리고 현장과 유튜브로 함께해 주신 모든 분들 덕분에
오늘도 감사했고, 행복했습니다.
주님, 감사합니다.

05/17

작은 눈송이가 모여 눈사람이 되듯,
작은 믿음들이 모여 하나님의 역사를 이룹니다.

믿음의 선포는 응답의 자리를 만들고,
응답의 자리에는 언제나
믿음의 선포가 있습니다.

이 시대, 보기 드문 믿음의 사람들과 함께
기대하며 애통하고,
눈물로 기도하며,
기꺼이 협력하며 살아가길 소망합니다.

05/18

내가 나를 돌아보며 부족함을 느낄 때,
주님께서도 긍휼히 여기시고,
선후배와 동료들도 함께 힘을 모아 줍니다.

그러나 내가 나를 최고라 여기며 자만할 때는
주님도 도우시기 어려우시고,
선후배와 동료들도 서서히 곁을 떠나게 되겠지요.

"협력하여 선을 이루는 삶."
바로 그것이 믿음의 출발점일 것입니다.

05/19

우리는 함께 살리는 사람이 될 것인가,
아니면 모른 척하며 나만 살려는 사람이 될 것인가.
사역자라는 이름으로 하루하루를 살아가다 보면,
이 질문이 숙제처럼 마음에 남을 때가 참 많습니다.
그러나 결국,
우리가 다 함께 협력하며,
선을 이루는 삶을 살아가기를 소망하며,
오늘도 기도하는 마음으로
다시 살아가 봅니다.

05/20

혼자서는 결코 걸어갈 수 없는 길이 있습니다.
그렇다고 많은 사람이 있다고 해서
무조건 함께 걸어갈 수 있는 길도 아니지요.
그저 단 한 사람이라도,
진실되고 바른 믿음의 동료가 있다면
그 길은 충분히 걸어갈 수 있습니다.
지금까지 걸어온 시간도,
이제부터 걸어가야 할 길도,
결국 혼자서는 갈 수 없는 길입니다.
오늘도 함께 사명의 길을 걸어갈 수 있음에,
감사하고 참 행복합니다.

05/21

"즐거워하는 자들과 함께 즐거워하고,
우는 자들과 함께 울라."
(로마서 12:15)

함께 살아가다 보면,
끝없이 행복한 날도 있고
말없이 눈물 나는 날도 있습니다.
오늘도 말씀 앞에
마음을 조용히 내려놓습니다.
이 밤,
주님 도우시고 지켜주소서.

05/22

복음 안에서 함께 걸어온 친구가 있어,
참 감사한 밤입니다.
하지만 그 친구와 헤어져야 했던 시간은
여전히 마음 한켠을 아프게 합니다.
끝까지 함께할 수 있었다면 더 좋았겠지만,
그건 우리의 생각일 뿐,
주님의 생각은 다르실 수 있겠지요.
이 밤에도 그저,
주님의 뜻과 계획에 순종하며
묵묵히, 주신 길을 걸어갑니다.

05/23

부모라고 다 아는 것도 아니고,
자녀라고 아무것도 모르는 것도 아닙니다.

부모도, 자녀도 함께 살아가며
서로에게서 배우는 것이 인생의 모습이지요.

믿음의 부모와 자녀 또한
같은 세상 속을 살아가고 있으니,
서로 가르치고 배우며,
함께 하나님 앞에
날마다 나아가야 할 것입니다.

05/24

내가 더 믿음으로 준비하여,
당신이 축복의 사람이 되기를 바랍니다.

우리가 더 믿음으로 준비하여,
당신들이 축복의 사람이 되기를 바랍니다.

어제 누군가의 믿음의 준비 덕분에
오늘 우리가 믿음의 축복을 누리고 있듯,
이제는 그 믿음이
다음 세대로 아름답게 흘러가길 소망합니다.

05/25

나에게서 그리스도의 향기가 풍겨지고 있을까요?
나는 정말 주님의 편지로 잘 읽히고 있는 사람일까요?
그분의 자녀로서, 제대로 살아가고 있는 걸까요?
복잡하다 못해 어지러운 세상 속에서
오늘도 다시 묻습니다.
나는 어떤 향기를 내고 있는지,
무엇을 전하며 살아가고 있는지
잠시 멈춰 서서,
한 번 더 깊이 나를 돌아봅니다.

05/26

"정직한 사람은 성실하게 살아 바른 길로 가지만,
사기꾼은 속임수를 쓰다가 제 꾀에 빠져 멸망한다.
재물은 진노의 날에 쓸모가 없지만,
의리는 죽을 사람도 건져낸다."
(잠언 11:3-4, 새번역)

오늘 우리의 기도가
그저 좋은 대학과 좋은 직장을 향한 기도가 아니라,
믿음 안에서 바른 길을 걷고,
성실하고 정직한 친구들을 만나는
참된 축복을 구하는 기도가 되길 바랍니다.

05/27

사업이 잘되면 몸이 고되고,
장사가 안되면 마음이 고달픕니다.
그게 바로, 사람이 사는 세상이겠지요.
그러니 어떤 일이든
쉽게 이루려 하지 말고,
몸과 마음을 다해
성실히 살아가야 합니다.
주님 앞에서,
믿음을 말로만이 아니라
삶의 행위로 보여드리는 오늘이 되기를 소망합니다.

05/28

따뜻한 바람이 부는 5월, 새순이 돋고 꽃이 피듯
우리의 일상도 다시 힘을 얻는 계절입니다.
모두가 제자리에서 최선을 다하고 있으니,
끝까지 마음을 모아 함께 걸어가야겠지요.
주신 달란트와 사명 따라
오늘도 묵묵히 하루를 살아봅니다.
함께여서 감사하고, 함께여서 든든합니다.
이제 초여름의 문턱에서
다가올 날들을 천천히 준비해 봅니다.
혼자서는 갈 수 없는 길이기에,
곁에 있는 소중한 이들과 손을 맞잡고
조용히, 그러나 단단히 걸어갑니다.

05/29

어른들 말씀에, 공부를 잘하는 사람은 머리가 좋은 사람이 아니라
'엉덩이 힘'이 좋은 사람이라 하셨지요.
끝까지 앉아 있는 힘, 견디는 힘 말입니다.
어쩌면 다음 세대 사역도 그와 닮아 있는 것 같습니다.
달란트가 많은 사람이 아니라, 단 하나의 달란트를 받았더라도
피곤해도, 지쳐도, 끝까지 복음을 들고
달려가는 사람이 필요합니다.
이십여 년 전부터 다음 세대의 자리마다
늘 함께하던 동역자, 형님 목사님이 오늘 마지막으로
제게 찬양을 불러주시며 기도해 주셨습니다.
"십자가를 질 수 있나 주가 물어보실 때……."
보통은 마지막에 축복송으로 기도해 주시곤 했는데,
오늘은 유난히 이 찬양의 가사가
제 마음을 깊이 울렸습니다.
다시금 제 마음과 사명을 돌아보게 되었습니다.
지금 우리가 살아가는 이 시대,
우리의 십자가는 무엇인지
오늘 다시 묻고 또 일어섭니다.
주신 길, 끝까지 달려가기 위해
오늘도 복음을 들고 한 걸음 내딛습니다.

05/30

은혜를 입으면,
오해의 말도 은혜로 들리고,
시험에 들면,
은혜의 말도 오해로 들릴 수 있습니다.
검은 안경을 쓰면
세상이 온통 어둡게 보이듯,
우리 마음에 어떤 안경을 쓰고 살아가는지가
참 중요합니다.
오늘도 마음에 은혜의 안경을 쓰고,
조금 힘들고 어렵더라도
늘 주님의 마음을 되새기며
살아갈 수 있기를 소망합니다.

05/31

강자 앞에서는 강하게,
약자 앞에서는 약하게 살아가는 것도
멋진 삶일 수 있습니다.
하지만 강자든 약자든,
복음을 전하는 일 외에는
누구를 이기려 애쓸 필요가 없습니다.

비록 약해 보여도,
서로 도우며, 협력하며,
함께 살아가는 삶이 되기를
오늘도 조용히 기도해 봅니다.

Part 6
감사

여호와께 감사하라 그는 선하시며
그의 인자하심이 영원함이로다

역대상 16:34

06/01

어제는 주셨던 은혜에 감사하고,
오늘은 주시는 은혜에 감사하고,
내일은 주실 은혜에 미리 감사합니다.

그렇게 하루하루를
감사로 살아갈 수 있기를,
감사의 믿음이
우리 안에 자라나길 소망합니다.

이 밤도,
감사합니다.

06/02

더 이상 무엇을 바랄 수 있을까요.
더 이상 무엇을 바라야 할까요.
날마다 도리어 크게 기뻐하며
나의 약함을 자랑할 수 있는 이유는,
내가 할 수 있는 것은 없지만
내 안에 계신 그리스도의 능력이
오늘도 나와, 우리와 함께하시기 때문입니다.
그 사실을 알아가면 알아갈수록
그저 감사할 뿐입니다.
오늘도 주님을 더 알아가고,
더 사랑하며 살아가길 소망합니다.

06/03

다행입니다.
주님이 나의 아버지,
우리의 아버지이시기에.
사람이었다면 그저 평가하고
점수만 매기며 지나쳤을 그 자리에,
주님은 언제나 함께 계셨습니다.

감사합니다.
이 힘들고 어려운 시대에도
변함없이 우리 곁에 찾아오셔서
우리의 모든 상황에 마음을 같이해 주시는 주님,
그 따뜻한 마음,
오늘도 닮고 싶습니다.

06/04

삶을 살아가며
들어야 할 말과
듣지 말아야 할 말을
분별할 수 있는 지혜를
잃지 않기를 바랍니다.

무엇보다
하나님의 말씀과
바르게 살아가는 사람들의 말을
외면하지 않는
겸손한 마음을 지켜 주소서.

오늘도,
귀 기울여야 할 말씀은 깊이 새기고
걸러야 할 말은 지혜롭게 흘려보낼 수 있는
믿음의 귀를 허락해 주시기를 기도합니다.

06/05

세상을 살아가며 누군가에게 존중받고 있다는 걸 느낄 때,
없던 힘도 솟고, 포기하고 싶은 순간에도
다시 걸어갈 용기가 생깁니다.
하지만 사람이 사는 세상에서, 가장 가까운 이조차
끝까지 나를 존중하고 사랑하기란 참 어려운 일인 것 같습니다.
그래서 더더욱, 그럴 때마다 하나님께 감사하게 됩니다.
세상 사람 모두가 나를 몰라주고, 조롱하고 비웃는다 해도
단 한 분, 예수 그리스도 주님만은 언제나 나를 사랑하시고,
존귀하게 여기시며 늘 함께하십니다.
그 사실이 오늘도 나를 살게 합니다.
그래서 오늘도, 감사함으로 주님 앞에 나아갑니다.

06/06

생각해 보면,
이 땅에서 아무리 똑똑한 척,
지혜로운 척 살아보아도
돌아보면 후회되는 시간들이 더 많았습니다.

하지만 내 뜻과 생각이 아니라
주님의 은혜와 인도하심에 순종하며 걸어간 시간들은,
돌이켜볼수록 오직 감사뿐입니다.

06/07

오직 예수 그리스도.
그분의 보혈로 우리가 살아났고,
그분의 부활로 우리에게
새로운 생명이 주어졌습니다.

오늘 밤도, 오직 예수 그리스도.
그분의 십자가 사랑과 부활의 소망으로
새로운 시작의 은혜를 누리며
그저, 감사드립니다.

06/08

어쩌면 교회 공간이 좁고,
어른 성도가 많지 않아
매주 재정이 넉넉하지 않을 수도 있습니다.

그럼에도 그 누구보다 뜨거운 은혜와
영혼 구원의 사명을 감당하며
다음 세대를 품고 있는 교회와
그곳의 사역자, 성도님들을 만날 수 있음이
오늘도 감사이고, 감격입니다.

06/09

하나님과의 막힌 문제도,
사랑하는 가족과 이웃, 동료들과의
끊어진 관계도,
그 모든 문제의 시작을 여는 열쇠가 있다면
아마 이 한마디일 것입니다.

"내가 잘못했습니다."
"정말, 내가 잘못했습니다."

상대를 탓하는 말이 아니라,
진심 어린 나의 고백이
회복의 열쇠가 됩니다.

06/10

"이는 내 생각이 너희의 생각과 다르며
내 길은 너희의 길과 다름이니라 여호와의 말씀이니라"(사 55:8).

내 생각과 주님의 생각이 다르기에,
내 뜻대로 되지 않기에
도리어 감사한 날들입니다.

어제도, 오늘도, 내일도
오직 주님의 길만 잘 따라가길 소망합니다.
주님, 저를 이끄소서.

06/11

말도 안 되는 은혜로 하루를 시작하고,
말도 안 되는 환경 속에서 다시 엎드리며,
말도 안 되는 상황 속에서
오직 주님만 간절히 바라봅니다.

말도 안 되는 주님의 긍휼을 구하며
그저,
말도 안 되게 감사한 오늘입니다.

06/12

그래도
대한민국, 내 나라가 있어 감사합니다.
그래도
한국교회, 내 교회가 있어 감사합니다.
그래도
우리 가정, 내 가족이 있어 감사합니다.

앞을 보아도, 뒤를 보아도,
좌우를 둘러보아도 길이 보이지 않는 현실에
기가 막힐 때가 많지만,
그래도
하늘을 바라보며 기도할 수 있음에 감사합니다.

06/13

오늘도 나에게, 우리에게
하나님이 무언가를 주시기에 기뻐하고 감사하는 삶이 아니라,
하나님이 무언가를 요구하시기에
더 기뻐하고, 더 감사하는
믿음의 삶이 되게 하소서.

06/14

불평이 가득한 사람과 자꾸 대화를 나누다 보면
어느새 나도 모르게 불평이 전염되고,
감사하는 사람과 자주 어울리다 보면
나도 모르게 감사가 스며듭니다.

오늘 나는
누군가에게 불평을 전하고 있는지,
아니면 감사를 전염시키고 있는지,
잠시 멈춰 서서 되돌아봅니다.

06/15

세상에는 각자의 자리에서
묵묵히, 참 열심히 살아가는 사람들이 참 많습니다.
그 모든 분들께 고맙고, 감사합니다.

그리고 늘 신실하신 하나님,
이 땅에서 우리에게 바라시는 것은
화려함이 아니라 성실함임을 다시금 깨닫습니다.

성실한 사람을 통해 역사하시는 주님을 믿으며,
오늘도 한 걸음,
성실하게 걸어가겠습니다.

06/16

아침부터 청년들의 찬양이 울려 퍼지는 자리에서
문득 저의 20대 시절이 떠올랐습니다.
그 찬양의 고백처럼, 청년의 때에
한 손엔 복음을, 한 손엔 주의 사랑을 들고
이 땅 구석구석을 누비고 싶었던 그 꿈.
어느새, 그 시절로부터 30년이 흘렀네요.

지금은 우리가 살아낸 시대보다
예수의 꿈을 꾸기 훨씬 더 어려운 시대일지도 모르지만,
그럼에도 은혜를 사모하며
주님 앞에 모여드는 청년들이 여전히 있다는 사실이
참 고맙고, 감사합니다.

06/17

내가 연약하고 부족하다는 것을 아는 사람만이
하나님께 더 깊이 도움을 구할 수 있겠지요.
스스로 강하다고, 능력 있다고 여기는 사람은
굳이 하나님 앞에 나아가지 않으니까요.
그래서 오늘도,
주님 앞에 절박한 마음으로 나아갑니다.
날마다 그분의 도움이 절실한 사람으로
그렇게 살아가기를 소망합니다.

06/18

믿음의 사람이 하루를 살아갈 때,
의심을 품은 이는
순간마다 흔들리고 결국 의심의 열매를 맺게 됩니다.

반면, 믿음을 키워가며 살아가는 이는
하루의 모든 순간마다 믿음이 자라고,
끝내 믿음의 열매를 보며
더 깊은 감사로 살아가게 됩니다.

06/19

우리가 하나님께 칭찬받는 이유는
무언가를 크게 잘해서가 아니라,
우리가 하나님의 자녀이기 때문이지요.
하나님은 뛰어난 자녀만 사랑하시는 분이 아니라,
있는 모습 그대로의 우리를 사랑하시는 분이시기에
오늘도 그 사랑 안에서 기뻐하며,
감사로 하루를 시작합니다.

06/20

우리 앞에 하나님의 일이 주어졌을 때,
자원하는 마음으로 헌신할 수 있기를 소망합니다.
내 의지로는 며칠 버티기 어렵지만,
하나님의 감동으로 움직일 때는
오래도록 기쁨으로 감당할 수 있으니까요.
오늘도 나의 의지가 아니라
주님이 주시는 감동으로 살아가게 하소서.

06/21

세상의 모든 피부색, 언어, 문화, 환경은 달라도
예수 그리스도의 보혈과 능력은
온 인류에게 동일하게 역사합니다.
오늘도 우리에게 부어주신
그 보혈의 은혜와 능력을 붙들고,
세계 열방의 영혼들을 가슴에 품습니다.
지금 내가 선 자리에서
오직 십자가의 사랑을 전하며 나아갑니다.
오늘도 함께 이 길을 걸을 수 있음이
참 감사합니다.

06/22

단 하루도
나의 힘, 우리의 힘만으로는
할 수 있는 일이 아무것도 없다는 것을
다시금 깨닫는 하루였습니다.
그저 아침에 눈을 뜨고
주어진 하루를 성실히 살아 내고
이렇게 잠들 수 있음이 감사일 뿐입니다.

내일도 주님의 뜻이 이루어지게 하소서.
이 땅에 하나님 나라가 임하게 하소서.
복음의 징검다리로
겸손히, 충실히 쓰임받게 하소서.

06/23

우리 삶의 모든 문제들,
성경 안에 문제집도 있고
성경 안에 답안지도 있습니다.

도무지 풀리지 않는 인생의 질문들,
말씀 안에서 해답을 찾을 수 있기에
오늘도 배우고, 전할 수 있음이 감사합니다.

그 길을 먼저 걸어가는 믿음의 스승이 있다는 것,
그 길을 함께 걸어갈 다음 세대가 있다는 것,
참 감사이고, 참 행복입니다.

06/24

누군가의 초대를 받아 함께하는 사역과,
누군가를 초대해 함께하는 사역은
겉으로는 비슷해 보여도
몸도, 마음도, 물질도
분명히 다른 부담이 따릅니다.
그럼에도 감사한 것은
우리의 작은 수고와 충성이
누군가에게 주님을 만날 기회가 되어 준다는 사실입니다.
오늘도 몸은 조금 힘들지만,
주어진 사명 따라
기쁘게, 함께 충성합니다.

06/25

"못한다."
내가 하고 싶은 이 땅의 욕심과
걱정, 근심, 불평들을 꾹꾹 눌러 참으며
'못하고' 있다 보면,
결국 시간이 지나
그 못한 일들에 대한 후회와 근심이
다시 찾아오게 됩니다.

"안한다."
내가 하고 싶은 욕심의 일들과
불평과 근심조차
주님의 은혜로 이겨내며
'안하기로' 결단할 수 있다면,
결국 시간이 흘러
감사의 고백으로 남게 될 것입니다.

06/26

바둑에서 '집'이나 '대마'가 아직 완전히 살아 있지 않은 상태,
언제든 흔들릴 수 있는 불완전한 존재.
내 나이 쉰하나,
여전히 이 땅에서는 '미생' 같은 인생입니다.

완성되지 않았고, 안정되지 않았지만
그저 날마다 묵묵히
"무조건 열심히 하겠습니다."
이 고백 하나로 살아갑니다.

주님 앞에서 내가 할 수 있는 건 오직 하나,
오늘도, 내일도 새롭게 '신상'처럼 다시 시작하는 것뿐입니다.

아직 완전히 살아 있지 않은
삶과 사역의 현장 속 '미생' 같은 나.
하지만 감사한 것은, 그래도 포기하지 않고,
다시 해볼 새 힘을 오늘도 허락해 주신다는 것.

그래서 오늘도, 감사입니다.

06/27

하나님이 축복해 주셔서
하루하루가 감사할 때는,
더 조심하고, 더 겸손하게
믿음의 삶을 살아야 합니다.

하나님이 고난을 허락하셔서
하루하루가 버겁고 힘들 때는,
더 웃으며, 더 담대히
믿음으로 이겨내야 합니다.

이것이 바로
믿음의 지혜입니다.

06/28

그래도 기도하는 사람들이 있고,
그래도 사랑하는 사람들이 있고,
그래도 희생하고 충성하는 사람들이 있어
오늘도 우리는 다시 하루를 시작합니다.

그래서 어제의 고난과 상관없이
오늘의 간증이 이어질 것이고,
어제의 아픔과 관계없이
오늘의 감사가 흘러갈 것입니다.

그리고 어제와는 또 다른
오늘의 은혜가 시작될 것입니다.

06/29

누군가에게 들은 은혜의 간증은
감동이 될 수는 있지만,
나의 믿음을 자라게 하지는 못합니다.
왜냐하면, 그 간증은 그 사람의 은혜이지
내 삶에 임한 은혜는 아니기 때문입니다.
그러니 누군가의 간증을 부러워하기보다,
오늘 들려지는 하나님의 말씀 앞에
더욱 순종함으로 나아가야 합니다.
말씀이 내 삶 속에서 살아 역사하실 때
비로소 나만의 간증,
나만의 믿음이 세워질 것입니다.

06/30

힘들고 아픈 사람들이 참 많습니다.

외롭고 슬픈 사람들도,

서럽고 억울한 사람들도 참 많습니다.

때로는 저 역시 힘들고, 아프고,

외롭고, 슬프고, 서럽고, 억울할 때가 있지만

지금은 내 문제가 먼저가 아닙니다.

나보다 더, 우리보다 더 힘든 누군가 한 사람을 위해서라도

오늘은 더 기도하고,

조금 더 강하고 담대하게

이 시간을 함께 이겨내야 하겠습니다.

오늘도 혼자가 아니라, 함께여서

그저 감사합니다.

Part 7
사명

푯대를 향하여 그리스도 예수 안에서
하나님이 위에서 부르신 부름의 상을 위하여 달려가노라

빌립보서 3:14

07/01

살다 보면,
쉬운 일이 하나도 없다는 것을
조금씩 깨달아 갑니다.

그런데 신기하게도,
그 깨달음의 끝에서
안 될 일도 결국엔
하나도 없음을 알게 됩니다.

내가 아무리 애써도 안 되는 일은
끝내 안 되는 것이고,
주님이 일하시면
결국 모든 일이 이루어집니다.

그래서 오늘도,
내가 아닌 주님이 일하시는 하루가 되길
조용히, 간절히 소망해 봅니다.

07/02

시시때때 필요한 일들을 찾아

귀찮아도 자꾸 몸을 움직이다 보면

어느 날 저절로 근육이 생겨 있듯,

시시때때 필요한 은혜를 찾아

귀찮아도 자꾸 마음을 움직이다 보면

어느 날, 내 영혼이 충만해져 있음을

깨닫게 되는 날이 오겠지요.

너무 편한 것이

오히려 영과 육의 건강을 해칠 때가 있습니다.

그래서 오늘도,

몸과 마음을 부지런히 움직여 봅니다.

07/03

하늘이 한없이 맑다가도
저 멀리 먹구름이 밀려오면
어김없이 비가 내리듯,
우리의 삶을 둘러보면
뉴스와 SNS, 그리고 일상의 곳곳에서
주님 다시 오실 날이
점점 가까워지고 있음을 느낍니다.
믿음의 사람이라면,
이 시대를 더욱 깨어 기도하며
"마라나타, 주 예수여 어서 오시옵소서."
이 고백의 기도와 찬양이
다음 세대의 마음에도
바르게, 깊이 전해지기를 소망합니다.

07/04

주님이 붙들어 주시지 않으셨다면
이 자리에 설 수 없었을 것입니다.
그 사실을 알기에,
오늘도 두렵고 떨림으로
주님이 허락하신 자리에서
주님의 사명을 품고 섭니다.
잘하려 한다고 잘되는 것도 아니고,
감당 못할 것 같아도
결국 일하시는 분은 주님이심을
늘 보아왔습니다.
그러기에 오늘도 다만,
바르게 쓰임 받기를,
오직 주님만 영광 받으시기를
조용히, 간절히 소망합니다.

07/05

십자가 위로 걸린 구름을 바라보다가,
평생 따라가야 할 십자가,
평생 그리워할 하늘나라,
평생 부족하지만 함께 지켜가야 할
한국교회와 다음 세대를 다시 떠올려 봅니다.
살다 보면 비도 내리고, 바람도 불고,
때로는 태풍이 지나가기도 하지만
비바람을 견디고 나면
다시 맑고 푸른 하늘을 마주하게 되듯,
우리의 복음도 흔들림 없이
다음세대에 바르게 전해지기를,
조용히, 간절히 소망합니다.

07/06

바닷물이 항구로 들어오지 않으면
그 어떤 배도 바다로 나아가
목적지를 향해 항해할 수 없듯,

믿음의 사람도
주님의 은혜가 마음 깊이 흘러들지 않으면
세상 속에서 맡은 사명을
끝까지 감당하기 어렵겠지요.

얼마 전, 항구에 정박한 배들을 바라보며
조용히 제 모습을 돌아보았습니다.

오늘도, 사랑하는 한국교회와 다음세대가
주님의 은혜에 깊이 잠겨
세상 가운데 믿음의 항해를
담대히 이어가길 기도합니다.

07/07

최선은 '최고의 성과'가 아니라
언제나 '태도'입니다.

성과를 내기 위한 수단으로서의 최선이 아니라,
어떤 자리에서든
항상 최선의 태도로 살아가는
믿음의 사람이 되길 소망합니다.

오늘, 제 삶의 태도를
조용히 돌아보게 됩니다.

07/08

주님이 함께 계신 곳이
가장 안전한 자리라 말씀하신
믿음의 선배님의 고백을 들었습니다.

오늘도 우리가 살아가는 모든 환경 속에서
주님이 함께하시는 믿음의 삶을 살아갈 때,
그때가 바로 가장 안전하고 완전한 승리의 때임을 믿습니다.

그래서 오늘도,
하늘 좋고 공기 좋은 아침 길 위에서 기도합니다.
"주님, 오늘도 우리와 함께하여 주옵소서."

07/09

불과 몇 해 전,
산으로, 바다로, 호수로, 도시로
'인꽃(사람꽃)'들과 함께 복음의 향기를 전하며
기쁘게 달리던 날들이 있었습니다.

지금도 산도, 바다도, 도시도 그대로지만
웃음은 여전히 조심스럽고,
한 사람을 깊이 만나기란 여전히 쉽지 않은 시대입니다.

그래서 더 간절해집니다.
한 사람을 만나도 '기-승-전-복음'.
만날 수 있을 때, 전할 수 있을 때
마음 다해, 힘 다해 하늘의 소망을 나눕니다.

직접 만나기 어려운 시간과 공간에는
유튜브 방송으로 찾아가고,
몇 명이라도 모일 수 있는 자리라면
기쁘게 복음을 들고 달려갑니다.

07/10

우리는 사업자가 아니라 사역자입니다.
이 진리는 어떤 상황에서도 결코 변하지 않습니다.
그래서 우리가 서 있는 곳은
사람이 일하는 공간이 아니라,
하나님께서 친히 일하시는 선교지입니다.

오늘도 사역자들의 삶 속에 살아 역사하시는
하나님의 능력을 보고,
그분이 이루어 가시는 일을 함께 찬양하기를 소망합니다.

07/11

내가, 우리가 이 땅을 살아가며 예수님을 만났다는 사실,
그리고 믿음으로 살아가고 있다는 이 고백은
아무리 입술로 말한다 해도 삶으로 드러나지 않으면
오히려 세상을 더 어둡게 만들 수도 있습니다.

진정한 믿음은 말이 아니라, 빛을 비추는 삶으로 증명될 것입니다.
부족하지만, 나와 우리의 삶이 세상 속에서 작은 빛이 되어
주님께 영광이 되기를 소망합니다.

내가 어떤 위치에 있든, 어떤 모습으로 살아가든,
오늘도 주어진 자리에서 작은 빛 하나라도 비추며
살아가길 바랍니다.
그래서 다시 한 번,
나의 삶을 조용히 돌아봅니다.

"이같이 너희 빛이 사람 앞에 비치게 하여 그들로 너희 착한 행실을 보고 하늘에 계신 너희 아버지께 영광을 돌리게 하라"(마 5:16).

07/12

이를 위하여, 복음을 위하여,
영혼 구원을 위하여

나는 나의 능력이 아니라,
오늘도 내 안에서 살아 역사하시는
그분의 손길을 따라
그저 순종함으로 걸어갑니다.

오늘도 내 안에
주님의 긍휼과 은혜가 사라지지 않기를 기도하며,
여전히 내게 맡기신 사명을
잊지 않고 성실히 감당하기를 소망합니다.

07/13

하나님의 일을 감당할 때,
헌금하는 사람은 돈이 많은 이가 아니라
믿음이 있는 사람입니다.
봉사하는 사람은 몸이 건강한 이가 아니라
마음에 사랑이 있는 사람입니다.
중보하는 사람은 가까이 있는 이가 아니라
사명을 품은 사람입니다.
하나님의 일을 감당하는 한 사람, 한 사람
그들은 이 땅의 방식이 아닌,
하늘의 길을 묵묵히 걸어가는
참된 일꾼들입니다.

07/14

사람의 육은 밥을 먹고 살아가지만,
사람의 영은 보람을 먹고 살아갑니다.

밥을 잘 먹으면 배가 부르고 힘이 나듯,
보람된 일을 하면 마음이 든든해지고
안 먹어도 배부른 느낌이 들지요.

사람은 밥을 먹는 것만큼이나
보람을 느낄 수 있는 일을 하며 살아야 합니다.
그것이 바로 우리의 영혼을 살리는
참된 양식이니까요.

07/15

하나부터 열까지,
문제는 언제나 '나'였습니다.
요나가 풍랑을 만난 그 배 안에서
풍랑을 잠잠케 할 수 있는 방법은 단 하나,
'요(나)'가 자신의 잘못을 인정하고
그 대가를 감당하는 것이었습니다.
이것은 단지 요나의 이야기가 아닙니다.
지금 이 시대, 이 풍랑의 한가운데에서도
'요(나)'는 바로 나였습니다.
하나부터 열까지,
영혼 구원을 위한 주님의 사명을 외면했던
내 책임을 다시 돌아봅니다.
이제 다시,
일어나야 할 때입니다.
다시 나아가야 할 때입니다.

07/16

한약방에 감초가 빠지지 않듯,
복음의 자리에도 감초처럼
꼭 필요한 사람이 되고 싶습니다.
있어도 되고, 없어도 되는 사람이 아니라
꼭 있어야 하는 사람,
없으면 허전하고,
있으면 더 깊어지는 사람 말입니다.
크게 쓰임받지 않아도 괜찮습니다.
작더라도 꼭 필요한 자리에서,
복음을 위해 묵묵히 살아가는
믿음의 사람이 되길 소망합니다.

07/17

어떤 상황에서도 즐겁게 예배드리고,
기쁨으로 사역하면
하나님도 즐겁게 함께하시고
끝까지 책임져 주실 줄 믿습니다.
하지만 상황에 끌려 억지로 예배드리고,
마지못해 사역한다면
하나님도 억지로는 도우시겠지만
그 길은 오래가지 못할지도 모릅니다.
기쁨이 동력이 되어야
끝까지 달릴 수 있으니까요.
오늘도 기쁨으로,
믿음으로 예배합니다.

07/18

누군가 "하나님의 말씀이 정말 사실이냐"고 묻는다면,
우리는 주저 없이 "그렇다"고 말할 수 있어야 합니다.
그 말씀이 오늘,
내 삶의 현장 속에서 살아 역사하고 있기 때문입니다.
이 믿음의 은혜를
절대 잃어버리지 않기를 소망합니다.

오늘도 하나님의 말씀 앞에 반응하는 누군가는
'열세 번째 제자'의 삶을 시작할 것이며,
사도행전 29장의 이야기를
이 땅 위에 새롭게 써 내려갈 것입니다.

07/19

세상 속에서 삶을 살아갈 때도,
교회 안에서 믿음의 길을 걸어갈 때도,
억지로 하는 일이나,
누가 시켜서 마지못해 하는 일은
결코 오래가지 못합니다.
마음이 담기지 않은 일에는
그 누구도 자신을 온전히 들일 수 없기 때문입니다.
그러나 자원하는 마음으로,
기꺼이 헌신하며 감당할 때
그때 비로소 하나님께서
그 일을 통해 역사를 이루어 가십니다.

07/20

이 시대는 이 교회 저 교회를 떠돌며
축복만을 구하고 사명 없이 교회만 오가는
'파리 같은 신앙인'을 필요로 하지 않습니다.

지금 필요한 것은 쏠 줄도 알고, 꿀도 모을 줄 아는,
사명감으로 복음을 지키는 '벌 같은 믿음의 사람들'입니다.

오늘 나는 파리처럼 떠도는 사람인가,
벌처럼 일하는 사람인가,
스스로에게 조용히 물어봅니다.

07/21

복음의 삼쁘다는
절대 멈추지 않습니다.

1. 복음으로 기쁘다
2. 복음으로 바쁘다
3. 복음으로 예쁘다

복음으로 인해
기쁘고, 바쁘고, 예쁘게 살아가는
이 사명의 걸음이
주님 오시는 날까지 멈추지 않게 하소서.

항상 기뻐하며,
쉬지 않고 기도하며,
범사에 감사하며,
복음 앞에 아름답게 살아가게 하소서.

07/22

어렸을 때 부모님은
제가 심부름을 잘하면 늘 "잘했다"고 칭찬해 주셨습니다.

시간이 흘러 사역자가 된 지금,
주님도 제게 자꾸 심부름을 맡기시고,
그 일을 잘 감당하면
칭찬과 사랑, 그리고 응원으로 응답해 주십니다.

앞으로도 다른 건 몰라도,
주님 심부름만큼은
끝까지 잘하는 일꾼으로 살아가고 싶습니다.

07/23

작은 불씨가 꺼지지만 않으면
다시 불꽃이 피어오르고,
큰불로 번질 수 있기에
무엇보다 불씨를 지켜내는 것이 중요합니다.

오늘도 내 심장에 심겨진 복음의 불씨가
다음 세대의 심장에도 잘 옮겨져
다시금 부흥의 불꽃이 타오르고,
은혜의 폭죽이 터지기를 소망합니다.

07/24

초대교회 때,
하나님의 나라는 열한 명의 제자만으로도
충분히 부흥할 수 있음을
예수님은 이미 아셨습니다.
그래서 날마다 한 사람, 한 사람에게
생명을 다해 가르치시고,
그들의 믿음을 세우셨습니다.
오늘 이 시대에도 다시 깨닫습니다.
엄청나게 많은 사람이 모인다고
참된 부흥이 일어나는 것은 아닙니다.
바른 믿음의 한 사람이 세워질 때,
그곳에서 비로소
진정한 부흥이 시작됩니다.

07/25

하나님의 길을 따를 때는
어떤 상황에서도 이 땅의 논리로 계산하지 않아야 합니다.
하나님은 언제나
하늘의 방법으로 계산하시는 분이시기 때문입니다.
배우고, 가르치고, 안다고 말하지만
막상 삶과 사역의 현장에서는
오직 하나님의 방법만으로 살아가는 일이
참 어렵게 느껴질 때가 있습니다.
그래서 오늘도,
부족한 나 자신을 돌아보며
겸손히 주님 앞에 서게 됩니다.

07/26

군부대의 레이더가 고장 나
적군을 놓치는 순간,
그 피해는 아군에게 치명적이며
결국 전쟁의 패배로 이어질 수 있습니다.

믿음의 사람도 마찬가지입니다.
죄의 유혹을 분별하지 못하고
그 안에 빠지는 순간부터
믿음은 서서히 무너지고,
하나님 나라를 향한 사명 또한
잃어버리게 됩니다.

07/27

살아가는 날들 동안,
하나님 없이도 이 땅에서 많은 일을 이루었다면
마지막 날에야 비로소 깨닫게 될 것입니다.
그 모든 것이 결국
아무 의미 없었음을 말입니다.

반대로,
하나님과 함께 걸으며
비록 작고 보잘것없는 일을 감당했을지라도,
그 마지막 날에 우리는 알게 될 것입니다.
그 작은 일이 내 영혼을 살렸음을,
그것이 진짜 생명의 열매였음을.

07/28

장사는 돈으로 하는 것도,
실력으로 하는 것도 아닙니다.
진짜 장사는 신뢰로 하는 것이며,
돈을 남기는 일이 아니라 사람을 남기는 일입니다.

마찬가지로,
목회나 사역도 이 땅에서의 성공을 쌓는 일이 아닙니다.
진짜 사역은 한 영혼을 천국으로 인도하는 일,
오직 영혼 구원만을 남기는 일이어야 합니다.

07/29

내가 살아야 우리가 살 수 있습니다.
우리가 살아야 대한민국이 살아납니다.

그러니 오늘도 깨닫습니다.
내 영혼을 살리는 일이 곧 가족을 살리고,
교회를 살리고, 나라와 민족을 살리며,
더 나아가 세계와 열방을 살리는 일임을.

오늘도 내 영혼을 살리는 일에
최선을 다해봅니다.

07/30

내가 먹고도 효과 없는 약을
남에게 판다면, 그건 분명 사기이겠지요.

그렇다면, 주님을 만나고 말씀을 들었음에도
내가 먼저 변화되지 않은 채 복음을 전한다면,
그 또한 어쩌면 영적인 사기일지도 모릅니다.

그러니 오늘도 기도합니다.
복음의 능력으로 내가 먼저 변하게 하시고,
그 변화된 삶으로
복음을 전하게 하소서.

07/31

고삐를 늦추지 맙시다.
오래 해온 사역이라고, 익숙한 일이라고 해서
여유를 부리거나 대충 하려 들지 맙시다.

지금은 다시 힘을 내어 끝까지 달려야 할 때입니다.
다음 세대 사역의 현장은 결코 여유로운 곳이 아닙니다.
한 영혼, 한 영혼을 향한 치열한 영적 전쟁터입니다.

그 전쟁의 한복판에서 끝까지 믿음으로 싸워,
반드시 승리하기를 소망합니다.

Part 8
승리

무릇 하나님께로부터 난 자마다
세상을 이기느니라

요한1서 5:4

08/01

살다 보면,
이긴 것 같은데 결국 지는 사람이 있고,
진 것 같은데도 결국 이기는 사람을 만납니다.

죽기까지 져주시고,
부활의 승리로 참된 이김을 보여주신
주님의 사랑을 기억합니다.

오늘도 굳이 이기려 애쓰기보다,
잘 질 줄 아는 법을 배우며,
겸손히 주님을 따라가길 소망합니다.

08/02

죄의 공격을 받고 나서야 회개하며 방어하려 애쓰기보다,
이제는 죄를 먼저 분별하고, 선제적으로 끊어낼 수 있는
더 강한 믿음이 우리와 다음세대 안에 심겨지길 소망합니다.

넘어지며 배우는 믿음에서,
넘어지지 않기 위해 깨어 있는 믿음으로.

08/03

살아가면서 거짓말을 한 적이 있다면,
결국 그 거짓말에 가장 크게 속는 사람은
다름 아닌 '나 자신'일 것입니다.

삶도, 사역도 거짓은 결국 드러나게 되어 있습니다.
언젠가 정직이야말로 가장 큰 힘임을
깨닫게 되는 날이 오지요.

아무리 많은 것을 얻었다 해도,
거짓으로 얻은 행복과 열매는
결국 사라지고 맙니다.
차라리 적고 부족하더라도
진실로 얻은 열매가 진짜 열매입니다.

이제라도 부족한 마음과 실수로
누군가에게, 또 주님께
거짓으로 말한 것이 있다면,
정직하게 고백할 용기를
다시 품게 하소서.

08/04

우리 몸에 묻은 때는 밀어야 벗겨지듯,
우리 영혼에 묻은 죄도 싸워야 이겨낼 수 있겠지요.

오늘 우리가 삶 속에서 드러낸
작은 믿음의 모습 하나하나가
결국에는 열매가 되어 돌아올 것을 믿습니다.

08/05

문제아가 열 번 넘게 사고를 쳐도
사람들은 "원래 그런 아이지" 하며
대수롭지 않게 넘겨버립니다.
하지만 평소 모범적이던 사람이
단 한 번의 실수를 할 때는
그 작은 일 하나에도 큰 실망과 충격이 따르지요.
오늘 나는, 우리는
주님 앞에서 문제를 되풀이하는 문제아인지,
아니면 어려운 시대 속에서도
믿음으로 살아내기 위해 애쓰는 사람인지,
조용히 다시 돌아봅니다.

08/06

우리는 이제 알고 있습니다.
길을 여시는 분도, 막으시는 분도
오직 하나님 한 분뿐이심을.

하늘 아래 살아가는 동안
다른 길을 기웃거리지 않고,
오직 저 하늘 본향을 바라보며
주신 사명 따라 충성되이 살아가다
주님 품에 돌아가길 소망합니다.

오늘도 믿음으로,
그리고 감사로 승리합니다.

08/07

흐르는 물에 세수를 해야
깨끗이 씻기고 개운해집니다.
하지만 고인 물에 세수를 하면
물이 점점 탁해지고
세수 후에도 찜찜함이 남겠지요.
세상을 살아가는 일도,
믿음의 길을 걷는 일도 마찬가지입니다.
흐르는 물에 얼굴을 씻듯,
늘 맑고 자연스럽게 흘러가야
시간이 지나도 탁해지지 않고
더욱 맑아질 수 있습니다.

08/08

"왕년에 잘나갔다"고 말하는 사람은
지금이 힘들고, 현실이 슬프다는 뜻입니다.
반대로 "옛날엔 참 힘들었지"라고 말하는 사람은
지금이 새롭고, 현실이 기쁘다는 뜻이지요.

왕년의 이야기 속에 머무는 사람이 아니라,
그 시절의 어려움을 딛고 오늘을 살아내는 사람.
그런 우리로, 오늘도 다시 힘내길 소망합니다.

08/09

날마다 주어지는 하루가 새로운 날이고,
날마다 맡겨진 일이 새로운 사명이 됨을 기억할 때,
우리 입술의 새노래는 멈추지 않을 것입니다.
새날, 새일, 새노래의 주인공으로
오늘도 믿음으로 살아내고
기쁨으로 승리하길 소망합니다.

08/10

가끔 좋은 일이 생겼을 때만 기뻐하는 사람이 될 것인지,
아니면 날마다 주신 은혜를 붙들고
날마다 기뻐하는 사람이 될 것인지,
우리 스스로 선택해야 합니다.
주님께 이 땅의 축복만을 구하며
그것이 전부인 줄 착각하며 살지는 않았는지
다시금 돌아봅니다.
이제는 오직 주님만으로 기뻐할 수 있는
참된 믿음의 사람이 되기를 소망합니다.

08/11

기차의 수레바퀴 중 하나라도
너무 크거나 작거나, 고장 나 빠지면
기차는 끝까지 달릴 수 없습니다.

모든 바퀴가 온전히 맞물려야
목적지까지 안전하게 나아갈 수 있듯,
믿음의 사람도 삶의 어느 한 부분이라도
교만으로 넘치거나, 부족함으로 실족하지 않아야 합니다.

우리의 모든 자리에서 주님의 영광이 드러날 때,
비로소 끝까지 흔들림 없는
승리의 길을 걸을 수 있습니다.

08/12

믿음의 사람이 이 땅을 사랑하면서도
죄 가운데 머물게 되면,
어느새 몸도 마음도 나태해지는 자신을 보게 됩니다.

반대로, 성령 충만할수록
삶은 더욱 부지런해지고, 마음은 깨어 열심을 품게 되지요.

믿음의 사람은 오늘도
성령 안에서 힘 있게 살아가는 사람이어야 합니다.

08/13

'억울하면 출세하라'는 말이 있습니다.
세상은 출세해야 더 많은 기쁨과 행복을 누릴 수 있다고 믿기에,
억울함조차 출세로 풀려는 마음이 담긴 말이지요.

하지만 믿음의 사람들은 다르게 고백합니다.
"억울하면 충만해라."

성령으로 충만할 때,
환경과 상황을 뛰어넘어
하늘의 기쁨과 평안을 누릴 수 있기 때문입니다.

08/14

하나님께 복 받는 복덩어리는
복 받을 말과 행동을 이어가고,
하나님께 벌 받는 죄덩어리는
벌 받을 말과 행동을 반복합니다.

오늘도 나의 말과 행동이
하나님 앞에서 축복의 씨앗이 될지,
진노의 씨앗이 될지,
조용히 돌아봅니다.

08/15

믿음의 삶에는 간절한 마음이 없으면
간절한 행동도 나올 수 없습니다.
세상 속 삶도 마찬가지입니다.
간절한 마음이 없이는
결코 간절한 모습을 볼 수 없지요.

결국, 내 믿음과 삶에서
가장 중요한 싸움은
그 간절한 마음을 잃지 않는 일입니다.
간절해야 비로소 간절해질 수 있다는
이 진리를 오늘도 마음에 새깁니다.

08/16

사람이 지난날 어떤 잘못을 했더라도,
오늘 정직한 사람 앞에서는 마귀가 꼼짝 못합니다.
그에게는 더 이상 아무 힘도 쓸 수 없지요.

하나님은 오늘 정직한 사람에게
빛과 기쁨을 부어 주시며,
다시 밝게 빛나는 하늘 기쁨의 주인공으로 세우십니다.

그래서 이런 말이 생겼겠지요.
"자수해서 광명 찾자."

08/17

제 삶과 말이 전쟁 중 실수로
아군을 해치는 수류탄이 되지 않게 하시고,
오히려 적진을 향해 명중하여 승리를 이끄는 도구가 되게 하소서.
잘못 터져 상처를 남기지 않게 하시고,
승리의 불꽃이 되어 함께 일어나게 하옵소서.

08/18

아무리 진짜 총과 똑같이 만들었다 해도,
장난감 총은 결국 장난감 총일 뿐입니다.
그저 흉내만 낼 수 있을 뿐,
무기로서의 가치도, 쓸모도 없는 장난감일 뿐이지요.

아무리 오래 교회를 다녔고,
여러 직분을 받아 활동했어도,
여전히 죄에 빠져 믿음의 삶이 없다면
주님 앞에 서는 날,
결국 심판을 피할 수 없을 것입니다.

08/19

학교에서 늘 꼴찌만 하던 학생이
어느 날 수석을 차지하고 장학생이 된다면,
선생님과 친구들 사이에
"진짜 기적이 일어났다"고 난리가 나겠지요.

하지만 어쩌면,
그보다 더 놀라운 기적은
우리가 은혜를 받아 죄의 자리를 떠나
다시 새롭게 시작하는 일일 것입니다.

08/20

예전에는 부모님을 기쁘게 하고
진심으로 섬기며 효도하는 자녀에게
나라에서 '효도상'을 주곤 했지요.
믿음의 사람에게도 그런 상이 있다면,
하나님 아버지를 기쁘시게 하고
그분께 진심으로 순종하는 이들이
그 주인공이겠지요.
오늘도 우리의 삶이
하나님께 영광이 되고,
하늘나라에서 '효도상'을 받는
복된 자녀가 되길 소망합니다.

08/21

하나님은 변하지 않으시고,
세상도 쉽게 변하지 않으며,
사람들도 좀처럼 달라지지 않습니다.
변하는 것은 오직 하나,
내 마음뿐이지요.
오늘도 나는 묻습니다.
주님의 뜻대로 살아갈 것인지,
세상과 타협하며 살아갈 것인지,
사람의 시선을 따라 살아갈 것인지.
결국 싸워야 할 대상은
세상도, 사람도 아닌
내 마음임을 다시 깨닫습니다.

08/22

내가 이 땅에서 진짜 믿음으로 살아가고 있는지는
누구보다도 하나님이 아시고,
사단도 알고,
그리고 내 양심도 알고 있을 것입니다.

그러니 하나님을 속이려 하지 말고,
내 양심을 외면하지 않으며,
사단에게 틈을 주지도 말아야 하겠지요.

오늘도 정직한 영을 회복하며,
진실한 믿음으로 살아가기를 소망합니다.

08/23

이 땅에서
개떡같이 예수 믿지 말고,
찰떡같이 예수 믿으며
믿음으로 사는 삶을 살아가고 싶습니다.

아닌 것은 아니라고 말하고,
믿음 안에서 바른 것은
끝까지 바르게 지켜내는
그런 믿음의 사람으로 살고 싶습니다.

08/24

더 시간이 흘러가기 전에,
더 마음이 굳어지기 전에,
더 기억이 희미해지기 전에

주셨던 은혜를 기억하고,
받았던 사랑을 떠올리며,
맡기신 사명을 다시 돌아봅니다.

지금부터, 오늘부터, 그리고 내일부터
다시 살아내야 합니다.
그래야 더는 후회하지 않겠지요.

08/25

깊은 밤, 바다 위 등대의 불빛이 꺼지면
배들은 길을 잃고 어둠 속을 헤매다
결국 위험에 부딪히게 됩니다.
이 땅의 믿음의 사람들이 죄에 빠지면
세상은 더욱 어두워지고,
방황하는 영혼들은
빛 없는 길 위를 떠돌게 됩니다.
그래서 우리는
바다 위 등대처럼,
끝까지 꺼지지 않는 믿음의 불빛으로 서 있어야 합니다.

08/26

오늘도 정답을 붙들고
문제를 뛰어넘습니다.
넘어지지 않는 이유는
문제가 없어서가 아니라,
정답이 무엇인지 알기 때문입니다.
문제가 문제 되는 건
답을 모를 때뿐입니다.
그래서 오늘도,
믿음이라는 정답을 붙들고
수많은 문제들을 넘어가 봅니다.

08/27

오늘 내게 주어진 기회와 찬스를
놓치지 않아야
내일도 또 다른 기회가 찾아오겠지요.

믿음의 사람에게
오늘 허락된 회개와 은혜의 순간은
내일을 살아갈 새 힘이 됩니다.

08/28

진짜는 가짜를 만나야
비로소 진짜의 가치를 알게 되듯,
믿음의 사람도 삶의 자리에서
믿음의 진짜 가치를 깨닫게 됩니다.

겉으로 보기엔 비슷해 보여도
결코 같을 수는 없습니다.
믿음이 진짜라면
그 믿음은 말이 아니라
삶으로 드러나게 마련입니다.

08/29

아무것도 듣지 않고,
아무것도 보지 않고,
오직 한 분, 주님만 바라보며 따르길 원합니다.

주님의 음성에 온전히 순종하며,
처음부터 끝까지
할렐루야로 시작해 할렐루야로 마치는 인생,
복음으로 끝까지 승리하길 소망합니다.

08/30

길 따라 걸으면 결국 바다에 닿듯,

믿음의 여정도 결국 주님께로 향합니다.

동쪽으로 가면 동해가,

남쪽으로 가면 남해가,

서쪽으로 가면 서해가 우리를 맞이하듯

모양은 달라도 모두 한 바다로 이어져 있지요.

우리의 걸음도 다 다르지만

결국 한 방향, 복음이라는 바다를 향하고 있습니다.

달리고 또 달리며 다음 세대에게 복음을 전하다 보면,

인생의 길 끝에서 주님 앞에 서게 될 날이 반드시 올 것입니다.

그날까지, 함께 잘 달려가고, 함께 잘 완주하길 소망합니다.

끝까지 힘내어, 끝까지 믿음으로 승리합시다.

08/31

일상의 작은 선택 하나하나가
믿음의 방향을 결정짓습니다.
진리가 아닌 죄와 타협하고,
거짓의 길을 따라가다 보면
언젠가 더 크고 중요한 선택의 순간에도
그 거짓이 익숙해져 버릴 수 있습니다.
그래서 오늘,
작은 일일수록 진리를 선택하고
거짓의 유혹 앞에 단호히 맞서는 훈련이 필요합니다.
믿음은 거창한 사건 속에서 자라는 것이 아니라,
이처럼 매일의 선택 속에서 자라납니다.

Part 9
기도

기도를 계속하고
기도에 감사함으로 깨어 있으라

골로새서 4:2

09/01

내가 힘들 때는
나보다 더 힘든 누군가를 위해 기도하고,
내가 슬플 때는
나보다 더 슬픈 누군가를 위해 기도하고,
내가 아플 때는
나보다 더 아픈 누군가를 위해 기도하며
살아가야 합니다.

나이 들수록 그렇게 살아야 할 텐데
여전히, 아직도 갈 길이 멉니다.
그래서 오늘도, 그저 기도뿐입니다.

09/02

해가 뜨면, 세상이 순식간에 달라집니다.
아무리 어둡더라도, 해가 뜨는 순간 아침이 됩니다.
아침 공기는 아직 쌀쌀하지만,
그 안에 시원한 숨결이 담겨 있지요.

기도도 그렇습니다.
기도하면, 마음이 순식간에 달라집니다.
아무리 힘들어도, 기도하는 순간 마음에 빛이 스며듭니다.
현실은 여전히 아프지만, 그 안에서 감사의 고백이 커져갑니다.

09/03

어둠이 깊어질수록 작은 불빛도 더 선명하게 빛나지요.
하지만 해가 떠오르는 순간, 사람이 만든 모든 불빛은 꺼져도
세상은 환히 밝아집니다.

삶의 현실이 어둡고 힘겨울수록
오직 주님의 은혜만이 진짜 빛이 됩니다.
빛되신 주님을 만나는 순간,
가장 깊은 어둠도 단숨에 환히 밝아질 것을 믿습니다.

오늘도 떠오르는 수많은 기도 제목 앞에서
작은 기도를 올립니다.
사람의 힘이 아닌, 주님의 빛으로
우리 모두의 삶에 '새날의 은혜'가 임하기를 소망합니다.

09/04

기도 제목이 많은 날들입니다.
마음이 복잡할수록, 문득 방 안에 걸려 있는
십자가를 바라보며 다시금 새 힘을 내어 봅니다.
깊은 밤, 창밖에 보이는 네온사인 십자가 하나에도
누군가는 살아갈 용기를 얻고,
한 영혼은 다시 복음 앞에 서게 되지요.
여전히 복음은 전해지고 있고,
여전히 우리는 복음을 들고
주신 사명 따라 살아가야 할 사람들입니다.
이 시대의 위기 앞에서도
그저 주님의 은혜를 붙들고,
십자가를 붙들고,
믿음으로 이겨 내길 소망합니다.

09/05

"여호와께서 너희를 위하여 싸우시리니……"(출 14:14).
그 약속의 말씀처럼
우리는 오늘도 두 손 들고 주님 앞에 엎드립니다.
주님이 싸우시는 그 전장에
우리는 기도로 나아가고,
믿음으로 머뭅니다.
때로는 현장에서,
때로는 화면 너머에서,
대면이든 비대면이든
어떤 방식이든 상관없이
우리는 여전히 기도할 뿐입니다.
주님이 일하시고,
우리는 믿음으로 따릅니다.

09/06

우리를 만나는 모든 이들이
하나님을 만나게 되기를.

오늘도 묵상 가운데
기-승-전, 복음.
그 마음을 다시 새깁니다.

복음으로 시작해 복음으로 끝나는 하루,
그 은혜의 중심에 머물며
기도하는 마음으로 오늘을 엽니다.

09/07

하나님께서 알게 하시고 듣게 하신 것은
함께 기도하고 협력하여 이겨 내게 하시려는 뜻입니다.
오늘도 주어진 하루,
오직 주님의 은혜로
함께 마음 모아 걸어가길 소망합니다.
작지만 기도합니다.
우리, 함께 힘내 봐요.

09/08

하나님, 청년들이 기도합니다.

하나님, 다음 세대가 기도합니다.

하나님, 부족한 우리가 기도합니다.

비상(非常)의 시대에

비상(飛上)할 수 있는 믿음을 주소서.

여전히 불안한 이 땅의 현실 가운데

주님, 도와주시옵소서.

우리는 알 수 없지만

주님은 아십니다.

비상한 시대의 아픔 속에서도

끝까지 포기하지 않고

기도하는 믿음을 우리에게 허락하소서.

09/09

가을이 시작되면
하늘은 높아지고 바람은 선선해지지만,
그만큼 마음은 괜히 쓸쓸해지곤 합니다.
그래서 더 기도하게 됩니다.
지치지 않기를, 낙심하지 않기를,
주님 주신 자리에서 끝까지 믿음으로 서 있기를.

새로운 도전이 시작되면
이전의 경험으로 짐작은 하지만
막상 마주한 고비는 여전히 낯설고 높습니다.
그래도 오늘,
주어진 사명 따라 한 걸음 더 나아갑니다.
넘어야 할 산 앞에서도
주님 주시는 힘으로
끝까지 승리하길,
조용히 기도합니다.

09/10

친한 친구들은
함께 지내다 보면 어느새
말투도, 표정도, 삶의 태도도
서로를 닮아 간다지요.

오늘 하루,
주님과도 그렇게 닮아 가길 원합니다.
그분의 마음을 배우고,
그분의 시선을 따라 걷고,
그분의 사랑으로 사람을 대하며 살아가길.

작은 기도 하나라도 멈추지 않고,
끝까지, 기다리며,
믿음으로 함께 걷습니다.

09/11

지금은 그저
주님의 긍휼만을 구할 뿐입니다.
주님,
한국교회를, 우리를,
그리고 저를
긍휼히 여겨 주옵소서.
수많은 사람들의 이야기가 흘러가고
수많은 세월이 지나도
결국 남는 고백은 하나뿐입니다.
"주님,
우리를 긍휼히 여겨 주옵소서."

09/12

절대로 이 땅을 살아가며
누군가에게 '받는 일'에 익숙한 사람이 아니라,
기꺼이 '나누는 일'에 익숙한 사람이 되게 하소서.

절대로 믿음의 말을 많이 하는 사람이 아니라,
조용히 더 많이 무릎 꿇고 기도하는 사람이 되게 하소서.

믿음은 결국,
하나님과 나의 일대일 만남임을 기억하며
그 진실한 관계 안에서
오늘도 담담히,
그러나 깊이 살아가게 하소서.

09/13

창세기는 하나님께서 우리를 창조하시고,
우리의 삶을 위해 모든 것을 예비해 주신 은혜의 시작이었습니다.
그러나 우리는 죄의 유혹을 이기지 못해
그 은혜의 질서를 무너뜨리고 말았습니다.

이제라도 정신을 차리고,
우리의 죄로 인해 깨어졌던 관계와 믿음, 사랑과 소망을
다시 회복하길 간절히 소망합니다.

다시, 창세기의 은혜를 누릴 수 있기를 바라며
이 밤, 조용히 무릎 꿇어 기도합니다.

09/14

누구라도, 단 한 사람이라도
이 어두운 시대 속에서
믿음의 눈이 열려
빛을 따라 걸어갈 수 있기를 소망합니다.

어둡고 혼란스러운 세상 속에서도
어딘가에서 조용히
빛을 붙들고 살아가는 이들의
기도와 사명이
참 귀하게 느껴지는 날입니다.

09/15

하나님,

오늘도 저와 동료들에게 주신 사명이

주님께로부터 온 것이라면,

그 사명을 감당할 긍휼과 은총을 부어주소서.

믿음이 흔들리는 시대 속에서

다음 세대가 방황하지 않도록,

'다음 세대 사역자'란 이름이

부끄럽지 않게 하소서.

09/16

하나님,
이 땅을, 우리를 긍휼히 여겨 주소서.
광풍 같은 시간들이 잦아들고
새로운 은혜의 바람이 불어오게 하소서.
광야를 지나는 이들,
어둠 속에 길을 잃고 주저앉은 이들 곁에
주의 빛을 비추어주소서.
다시 걸을 수 있도록,
다시 믿을 수 있도록.

09/17

믿음의 사람이라면,
가장 힘들고 어려운 순간에
생각과 말이 달라야 합니다.

모두가 흔들릴 때 여전히 믿음을 말하고,
모두가 포기할 때 끝까지 소망을 붙드는 사람,
그가 진짜 믿음의 사람이지요.

그래서 기도합니다.
그러기에 더 기도합니다.
오늘도, 기도합니다.

09/18

믿음의 사람은
내 가정을, 내 교회를, 내 나라를
책임져 달라고 기도하는 사람이어야 합니다.

하나님의 귀가 어두워 들리지 않는 것도 아니고,
그분의 손이 짧아 구원하지 못하시는 것도 아니지만,
우리가 부르짖어 기도해야 하는 이유는
오직 주님만이
모든 것을 책임지실 수 있는 분이시기 때문입니다.

09/19

인스턴트 음식만 사 먹는 사람은
결국 음식을 제대로 만들 줄 모르게 되지요.
그처럼, 축복만을 구하는 믿음은
고난을 이겨 낼 힘을 기르지 못합니다.
하나님이 우리에게 주신
믿음의 특권은
바로 고난 중에도
부르짖어 기도할 수 있는 능력입니다.
그 믿음으로 기도할 때,
하나님의 방법으로
응답의 열매가 맺힐 것입니다.

09/20

주님이 나를 부르셨고,
주님이 나를 쓰시는데,
내가 무엇을 두려워하겠습니까?
다만,
주님보다 앞서지 않게 하시고,
주님의 뜻을 깨달아
한 걸음씩,
잘 따라가게 하소서.

09/21

"오직 믿음으로 구하고, 조금도 의심하지 말라"
주님 말씀 따라
믿고 순종하며
믿음으로 기도하자 전하고 또 전하며
오늘도 다니고 있습니다.
그런데도 대한민국과 한국교회,
그리고 다음 세대의
깊고 복잡한 현실 앞에
문득문득 의심이 스며듭니다.
그래서 오늘도
믿음을 더해주시길
주님께 기도합니다.

09/22

주님, 요동하는 이 마음을 용서하시고,
처음 정한 뜻대로,
끝까지 감당할 수 있는
하나님의 마음을 제게 부어 주옵소서.
사람이 하는 일,
사람끼리 하는 일이기에
흔들릴 수 있고 넘어질 수 있지만,
주님, 처음의 마음 잃지 않고
끝까지 믿음으로 걸어가
반드시 승리하게 하소서.

09/23

진짜 문제는, 우리가 기도하지 않는 것입니다.
나라가 어려운 것도,
교회가 힘든 것도,
가정이 흔들리는 것도,
그 자체는 큰 문제가 아닙니다.
이 모든 것을 보고도
마음 아파하지 않고,
기도하지 않고,
그저 바라보기만 하는 우리의 태도,
그것이 진짜 문제입니다.

09/24

언변이 좋아 말을 많이 하는 사람이 아니라,
모든 말 속에 생명 있는 복음이 담긴 사람으로
살아가길 오늘도 소망합니다.
나의 말 한마디, 행동 하나에도
주님의 마음과 주님의 계획이
조용히 흘러갈 수 있기를
주님, 도와주소서.

09/25

어떤 일이 있어도
내 마음속에서 교만이
겸손을 이기지 않게 하옵소서.
누군가의 희생 앞에
조용히 고개 숙일 수 있는 마음을 주시고,
섬김의 시간 앞에
나를 앞세우기보다
기꺼이 한걸음 물러서게 하소서.
늘 섬김의 자리를 돌아보며
내 자신을 살피는
겸손한 사람이 되게 하옵소서.

09/26

여전히 주님의 긍휼이 필요합니다.
주님의 때에, 주님의 뜻을 이루소서.
이 민족을, 한국교회를, 다음 세대를,
그리고 우리를 불쌍히 여겨 주옵소서.
오늘은 유난히 기도하고 싶은 날입니다.
꼭 기도해야만 하는 날입니다.
눈물이 더 자주, 더 깊이 흐르는 날입니다.

09/27

우리는 그저 오늘에 최선을 다할 뿐,
모든 결과는 주님만이 아십니다.
부족한 걸음이지만,
진심 어린 수고 위에 작은 열매가 맺히기를 소망하며
오늘도 내일을 위해 기도합니다.
믿음의 좋은 나무가 되어
믿음의 좋은 열매를 맺는 하루하루가 되기를 바라며,
오늘도 조용히 복음의 농사를 짓습니다.

09/28

내가 내 발로 선택해 걸어가는 광야의 길.
내가 스스로 낮아지지 않으면,
결국 하나님은 그분의 방법과 때에
나를 낮추실 것입니다.
그러니 오늘도 주님의 뜻 앞에
순종하며 걸어가기를 소망합니다.
이 길이 단지 고난의 광야가 아니라
주님과 함께하는 은혜의 광야가 되게 하소서.
광야의 연단 속에서
내 믿음은 더욱 단단해지고,
주께 받은 십자가의 사랑과
내게 맡기신 사명을 잊지 않게 하소서.
이어지는 날들 속에서도
끝까지 잘 살아 내게 하소서.

09/29

세상을 살아오며
늘 빚지고 살았습니다.
사람에게도, 주님께도.
이제는 그 빚을
사랑으로, 감사로, 믿음으로 갚아
빛나는 인생이 되기를 소망합니다.
영혼도, 육신도
어느 하나 자격 없는 존재였지만
이제는 하늘의 빛을 품어
세상의 어둠을 밝히는
빛의 통로로 살아가게 하소서.

09/30

믿음의 사람이 꼭 기억해야 할 것,
겸손의 가장 큰 적은 교만입니다.
교만한 마음은
의심을 초대하고,
어둠을 불러옵니다.
많은 이들이 마음 다해
하나님을 찬양하고 기도할 때,
교만한 마음은
그 은혜 안에 들어가지 못합니다.
혼자 다른 곳을 바라보고 있기 때문입니다.
주님,
오늘도 가장 겸손한 예배자로
서게 하소서.

Part 10
말씀

말씀이 육신이 되어 우리 가운데 거하시매
우리가 그의 영광을 보니

요한복음 1:14

10/01

하나님의 말씀 앞에
두려움으로 떨며 서는 자,
그 말씀에 생명을 거는 자,
그 한 사람이 될 수 있기를 소망합니다.
수많은 조건과 환경이 아니라,
어릴 적부터 들었던 하나님의 말씀이
기억나 가슴을 울리고,
그 말씀 앞에 다시 두렵고 떨림으로
순종할 수 있는 믿음의 사람 되기를 원합니다.
그 한 사람이 세우는 교회,
그 한 사람이 일으키는 나라.
영원한 하나님 나라를 향한
그 부르심 앞에,
오늘도 다시 '그 한 사람'으로 서기를 기도합니다.

10/02

"밤이 아무리 길어도 새벽은 옵니다"라는 말씀은
오랜 시간 제 마음에 깊이 새겨진 문장이었습니다.
어둠이 짙게 드리운 시기를 지나며, 수많은 성도와 청소년과
이 말씀을 함께 나누며 은혜의 시간을 가질 수 있었지요.
그리고 정말 그 말씀이 저의 삶에도, 우리의 삶에도
그대로 적용되는 날들을 살아가고 있습니다.
해가 지고 어둠이 시작되어도
분명 다시 새벽은 올 것입니다.
빛은 어둠을 이기고, 아침은 반드시 찾아옵니다.
오늘도 그 약속을 믿고, 기다려 봅니다.

10/03

말씀을 전하는 사람에게 가장 중요한 숙제는
말씀을 얼마나 잘 전하느냐보다,
그 말씀대로 어떻게 살아가느냐일 것입니다.
아무리 탁월한 지식과 뛰어난 언변으로
사람들의 마음에 감동을 주는 설교를 전한다 해도,
정작 자신의 삶에서 하나님의 말씀을 따라 살지 않는다면
마지막 날, 슬피 울며 이를 갈 수밖에 없을 것입니다.
앞으로 살아가는 날들 속에서,
말씀을 전하는 자로서 잘 전하는 것도 중요하지만,
전한 말씀대로 살아 내기 위해 더 많이 싸우며
하루하루를 성실히 걸어가야 하겠습니다.

10/04

교회에 오래 머무는 것보다,
많은 말씀을 배우고 아는 것보다
우리가 살아가는 세상 속에서
비록 부족하더라도 말씀대로, 배운 대로 행동하며 살아가는 삶이
더욱 중요하다는 사실을 다시금 깨닫습니다.
오늘도 그 삶을 배우고, 또 가르치는
날이 되기를 소망합니다.

10/05

순회 설교자로 말씀을 전할 때도 많고,
또 많은 설교를 들으며 이 시대를 살아가고 있지만,
아무리 설교를 자주 하고
좋은 설교를 많이 들었다 해도
결국 하나님의 말씀대로 살아 내지 않는다면
그 모든 것이 아무 의미 없음을 고백하게 됩니다.
그래서 오늘도 말씀 앞에 다시 무릎 꿇고,
순종으로 응답하기를 다짐합니다.

10/06

"그러므로 우리가 흔들리지 않는 나라를 받았은즉 은혜를 받자
이로 말미암아 경건함과 두려움으로 하나님을 기쁘시게
섬길지니"(히 12:28-29).
잊지 말아야 할 하나님 나라,
오늘도 은혜로, 또 은혜로.

10/07

"너희는 맥풀린 손이 힘을 쓰게 하여라
떨리는 무릎을 굳세게 하여라
두려워하는 사람을 격려하여라.
굳세어라, 두려워하지 말아라.
너희의 하나님께서 보복하러 오신다.
너희를 구원하여 주신다 하고 말하여라."
(사 35:3-4, 새번역)

어제도, 오늘도, 앞으로도
나는 하나님을 믿습니다.

10/08

다니엘이 뜻을 정했다는 말씀,
하나님께서 그에게 누구보다 열 배나 되는
지혜와 총명을 주셨다는 말씀,
이제 우리도 뜻을 정해야 한다는 결단의 말씀들…….
수없이 듣고, 전하고,
성경을 펴지 않아도 말할 수 있을 만큼 익숙한 구절입니다.
하지만 아는 것만으로 변화는 일어나지 않습니다.
진짜 중요한 것은 오늘,
우리도 뜻을 정하고 살아 내는 것입니다.

10/09

그대로 해야, 그대로 됩니다.
하나님 말씀을 들었다고 해서
그 말씀이 내 삶에 저절로 이루어지는 것은 아닙니다.
들은 말씀에 순종하며 따라갈 때
비로소 그 말씀이 삶 속에 역사하게 됩니다.
오늘도 들은 말씀,
하나라도 그대로 행하며 살아가길 소망합니다.
말씀대로 살아서, 말씀대로 이루어지게 하소서.

10/10

그대로 해야, 그대로 됩니다.
하나님 말씀을 들었다고 해서
그 말씀이 내 삶에 저절로 이루어지는 것은 아닙니다.
들은 말씀에 순종하며 따라갈 때
비로소 그 말씀이 삶 속에 역사하게 됩니다.
오늘도 들은 말씀,
하나라도 그대로 행하며 살아가길 소망합니다.
말씀대로 살아서, 말씀대로 이루어지게 하소서.

10/11

하나님 말씀을
그저 잘 듣고 흘려보내는 사람이 될 것인가,
아니면 잘 듣고, 그대로 살아 내는 사람이 될 것인가.
같은 말씀을 들어도 듣고 잊는 사람과
듣고 행하는 사람은 전혀 다른 미래를 걷게 됩니다.
말씀은 듣는 것에서 끝나지 않고
삶에서 열매 맺을 때,
비로소 진짜 능력이 됩니다.

하나님 말씀을 아무리 많이 알아도
그저 아는 데에 머무른다면
그 말씀은 내 삶에 아무런 영향도 줄 수 없습니다.
반면, 비록 조금만 안다 해도
그 말씀을 믿고 따르기 시작할 때
그 말씀은 내 안에서 살아 역사하기 시작합니다.
알고도 흘려보내는 말씀이 아니라,
믿고 따름으로 열매 맺는 말씀이 되기를.
오늘도 말씀 앞에 머물고, 순종의 걸음을 내딛습니다.

10/13

믿음의 사람들이 이 땅을 살아가는 방식은
겉보기엔 세상 사람들과 비슷해 보여도,
실상은 많이 다릅니다.
세상의 돈은 은행에 쌓이지만,
하늘의 복은 생명 있는 예배에 모입니다.
이 땅에서 더 많은 돈을 벌고 성공하려면
은행과의 거래를 자주 해야 하겠지만,
진짜 하늘의 축복을 바라며
믿음으로 살아가기를 원한다면,
무엇보다 바른 예배자가 되어야 할 것입니다.

10/14

예배는 축도 전에만 드려지는 것이 아닙니다.
오히려 축도 후의 삶에서 드러나는 모습이
우리가 진정으로 바른 예배를 드렸는지를
판단하게 하는 기준이 될 것입니다.
아무리 거룩하고 은혜로운 찬양과 기도를 드렸더라도,
예배당을 나선 이후의 삶에서
그 믿음이 드러나지 않는다면
그 예배는 온전하지 않을 수 있습니다.
결국, 예배의 완성은 삶입니다.
삶으로 이어지는 예배가
진짜 나의 믿음을 증명해 줄 것입니다.

10/15

내 육신은 이 땅의 양식을 먹어야
건강을 유지할 수 있고,
내 영혼은 하나님의 말씀을 먹어야
바르게 살아갈 수 있습니다.

10/16

어쩌면 하나님의 말씀을 전하는 일도,
그 말씀을 듣는 일도
그리 어려운 일은 아닐 수 있습니다.
진짜 어려운 일은
바로 그 말씀대로 살아 내는 것입니다.
오늘도 전한 말씀, 들은 말씀대로
살아 낼 수 있는 믿음의 힘을
하나님께 구합니다.

10/17

내 고집이 하나님의 말씀을 이기지 않게 하소서.
어떤 일이 있어도 말씀 앞에 항복하게 하시고,
내 삶 전체가 하나님 말씀에 순복하는 삶이 되게 하소서.
오늘도 하나님의 말씀이 나를 이기고,
나를 이끌며,
내 삶을 주관하게 하소서.

10/18

예배 후의 예배, 곧 삶의 예배에서 승리하지 못한다면
우리는 진정한 예배자라 말할 수 없을 것입니다.
예배 시간에 아무리 열정적으로 찬양하고 기도하며
말씀에 '아멘'을 외쳤다 해도,
삶의 자리에서 아무 변화가 없다면
그 찬양과 기도와 아멘은
결국 땅에 떨어진 공허한 외침이 되고 맙니다.
그러니 진짜 예배는
예배 후에 시작되는 삶의 예배에서
승자가 되어야 할 것입니다.

10/19

우리가 믿고 따르는 성경 말씀이 참된 사실이라면,
그 말씀대로 복도 받고, 벌도 받는 일이
우리 삶 가운데 반드시 일어날 것입니다.
그렇다면 우리는 이제 스스로에게 물어야 합니다.
나는 정말 그 말씀을 사실처럼 믿고 살아가고 있는가?
아니면 거짓인 것처럼 형식만 따라가고 있는가?
지금, 그 믿음을 돌아볼 때입니다.

10/20

성경을 더 많이 알려고 애쓰는 것보다
지금 알고 있는 말씀대로 살아가려는 애씀이
우리에게 더 필요할 것입니다.
말씀대로 살지 않으면서
더 많은 말씀을 알고 싶어 하고
더 큰 축복만을 구한다면,
오히려 더 많은 것을 잃을 수 있습니다.

10/21

공부하는 학생들은 선생님의 말씀에 집중해야 합니다.
그 말씀 속에 다음 시험의 문제도, 정답도 담겨 있으니까요.
말씀을 잘 들어야 문제를 풀 수 있습니다.
믿음의 사람들도 마찬가지입니다.
우리에게 주신 주님의 말씀에 귀 기울여야 합니다.
그 말씀 안에 삶의 시험과 시련을 이겨 낼 해답이 담겨 있으니,
잘 듣고, 그 말씀으로 믿음을 자라가야 할 것입니다.

10/22

성경 말씀은 외운다고 능력이 되지 않고,
많이 안다고 능력이 되는 것도 아닙니다.
말씀은, 그 능력을 내 삶과 사명의 자리에서
믿음으로 적용할 때 비로소 능력이 됩니다.
음식은 먹어 본 사람만이 진짜 맛을 알 수 있듯,
성경 말씀도 순종으로 살아 낸 사람만이
그 능력을 진짜로 경험하게 될 것입니다.

10/23

죽기 살기로 예수 믿고,
목숨 걸고 예배드리는 이유는
보물이 숨겨진 섬을 발견한 사람이
기어이 그 보물을 찾아내듯,
우리도 그렇게 믿음의 보물을 찾아
그 주인공이 되기 위함입니다.
죽기 살기로 예수 믿고,
목숨 걸고 예배드릴 때,
세상이 줄 수 없는
하늘의 보물섬이 열릴 것입니다.

10/24

하나님의 말씀 앞에
오늘 항복하고, 오늘 순종하는 사람만이
하나님과 다시 시작할 기회를 얻게 됩니다.
하나님의 말씀 앞에
지금 항복하고, 지금 순종하는 사람만이
다음에 임할 은혜를 더 기대할 수 있습니다.

하나님의 말씀은
부적처럼 갖고 있다고 해서
복을 받거나 능력이 생기는 것이 아닙니다.
하나님의 말씀을
듣고, 지키며, 살아 내려 애쓸 때
비로소 하늘의 은혜가 임하는
생명력 있는 말씀이 됩니다.

10/26

성경은 그냥 읽고 지나가라고 주신 말씀이 아니라,
읽고 그대로 살아 내라고 우리에게 주신 말씀입니다.
읽고 곧 잊어버리는 말씀이 아니라,
읽은 말씀을 삶 속에서 살아 낼 수 있기를,
오늘도 그 말씀이 내 안에서 역사하기를 소망합니다.

10/27

같은 자리에서, 같은 설교자에게, 같은 말씀을 들었다고 해서
모두가 같은 믿음의 삶을 살아가는 것은 아니지요.
말씀을 듣는 마음이
옥토밭인지, 길가밭인지, 돌짝밭인지에 따라
신앙의 열매는 전혀 다르게 맺히게 됩니다.
오늘도 내 마음의 밭을
조금씩 더 옥토밭으로 가꾸어 가고 싶습니다.

10/28

들려진 하나님의 말씀이
아직 내 삶에 완전히 이루어지지 않았다 하더라도,
그 말씀은 반드시 누군가의 삶에서
열매로 맺히고, 역전의 은혜로 나타나며,
그 말씀의 주인공이 있게 마련입니다.

그러니 잊지 마십시오.
하나님의 부르심을 흘려듣지 말고,
작은 순종이라도 삶으로 이어질 수 있도록
오늘도 묵묵히 믿음의 길을 걸어가야 합니다.

하나님의 말씀은
그림의 떡이 아니라,
내 손에 주어진 생명의 양식입니다.
허상이 아니라,
지금 이 순간 내 삶에 살아 역사하시는
분명한 실체입니다.
오늘도 그 말씀은
그대로 살아 내 삶 속에 역사하심을
믿습니다!

10/30

아무리 성경 구절 수천 개를 외운다 해도
그 말씀이 삶에서 실천되지 않는다면
하나님의 말씀은 내 안에서 아무런 역사도
일으키지 못합니다.
하지만 단 한 구절이라도 외운 말씀을
정말로 삶에서 따라 살려고 애쓴다면,
그 말씀은 내 삶 속에
놀라운 능력과 역사로 나타날 것입니다.

10/31

사람이 깨끗한 몸과 옷에 좋은 향수를 뿌리면
은은한 향기가 더해지지만,
씻지 않은 몸과 더럽혀진 옷에 향수를 뿌리면
오히려 악취가 심해지기 마련입니다.
믿음도 마찬가지입니다.
진짜 믿음의 사람에게 하나님의 말씀이 들어가면 그 삶은 복음의 향기를 머금게 되지만,
겉으로만 믿음을 흉내 내는 이에게 말씀은 삶의 변화를 이끌지 못하고,
오히려 죄악의 냄새가 짙어질 수 있습니다.
말씀은 삶과 연결되어야 향기가 됩니다.
삶이 준비되지 않으면, 말씀도 향기로 남지 못합니다.

Part 11
하나님의 뜻

사람의 마음에는 많은 계획이 있어도
오직 여호와의 뜻만이 완전히 서리라

잠언 19:21

11/01

주님의 놀라운, 멋진 플랜!
우리가 미처 알 수 없고,
감히 상상조차 하지 못했던
주님의 뜻을 바라보며 오늘도 기대합니다.
수없이 준비하고 계획했던
내 생각, 내 뜻과는 전혀 다른 길이지만
그 안에 담긴 주님의 깊은 뜻을
조금씩 알아가며,
이 밤도 주님의 마음을 더 가까이 느끼길 원합니다.

11/02

세상의 역사는 반복되지만,

믿음의 역사는 언제나 새로워집니다.

내 뜻과 생각대로 살아가면

결국 똑같은 날들의 반복 속에 머물 수밖에 없지만,

내 생각을 내려놓고

주님의 말씀에 순종하며 걸어갈 때,

마른땅이 된 바다 위를 걷는

기적 같은 새로운 날들을 만나게 될 것입니다.

11/03

잔잔한 바다 위에 떠 있는 배는
한없이 여유롭고 낭만적으로 보입니다.
하지만 비가 내리고 바람이 불고,
태풍이라도 몰려오면
금세 위기 속으로 빠져들 수밖에 없지요.
넓은 바다 같은 인생 속에
작은 배 한 척처럼 살아가는 우리,
바람도, 파도도 우리의 힘으로는
결코 막을 수 없고 예측할 수도 없기에
그저 주님의 뜻과 계획만 바라봅니다.
오늘도 한 치 앞을 알 수 없는 시간 속에 있지만,
바다에 나간 배가 무사히 항구로 돌아오기를 기다리듯
우리 역시 주님의 품으로
무사히 돌아가기를 소망합니다.

11/04

그런 일은 있을 수 없다고, 말도 안 되는 소리라고
세상 사람들은 말하지만,
그런 일이 실제이고,
그 일이 진짜이기에
오늘도 우리는
복음의 능력을 믿고 따르며
변함없는 성경의 기준으로
보고, 듣고, 행합니다.
오늘도 그저
먹고 살기 위해 애쓰는 하루가 아니라,
복음의 능력을 전하며 살아가는
복된 하루가 되기를 소망합니다.

11/05

믿음의 사람에게
가장 큰 축복의 언어는 "주님 뜻대로"입니다.
이 땅에서 하는 일이 아무리 잘된다 해도
그것이 내 뜻과 생각이라면
결국 아무 소용 없는 일이 될 수 있습니다.
하지만 내 뜻이 아니라
주님의 뜻대로 되어진 일이라면,
마침내 하나님 앞에 서는 날
감사의 눈물을 흘리게 될 것입니다.
그러니 오늘도,
주님의 뜻을 구하며 나아갑니다.

11/06

행복은 멀리 있지 않습니다.

몸도 마음도 힘들어도

내 뜻이 아니라, 주님이 주신 은혜를 따라가는 그 길 위에 있습니다.

내 계획대로 되지 않아도

막으시는 분도, 이끄시는 분도 오직 하나님이시기에

우리는 흔들리지 않고 걸어갈 수 있습니다.

행복은 멀리 있지 않습니다.

우리에게는 주님밖에 없습니다.

11/07

나는, 우리는 사람이기에 틀릴 수 있지만
하나님은 언제나 옳으신 분이십니다.
그래서 오늘도
내 생각과 뜻이 아니라, 하나님의 마음을 알기 원합니다.
돌아보면 어제도, 오늘도 하나님은 늘 옳으셨기에
내일도 하나님만 옳으심을 믿고
주님의 뜻과 계획에 순종하며 살아가길 소망합니다.

11/08

우리가 아무리 애쓴다 해도
어찌 주님의 계획을 다 알 수 있겠습니까.
그저 어제도, 오늘도, 그리고 앞으로도
주님의 은혜 없이는 살아갈 수 없음을 고백합니다.
오늘도 버티고 견디게 하시는 이유는 오직 하나,
여전히 우리와 함께하시는 주님의 은혜 때문입니다.
참된 평안과 위로를 주시는 그 은혜에
오늘도 감사함으로 살아 내길 소망합니다.

11/09

밤비 내리는 영동교를 홀로 걷고 있진 않지만,
어제도 오늘도 혼자 마주한 도시의 길 위에서
비 내리는 밤길을 걷다 보니,
문득 많은 생각들이 스쳐 지나갑니다.
다들 잘 버티고 있는지,
잘 견디고 있는지,
우리는 참 약한 존재인지라
흘러가는 시간 앞에 무력할 때가 많지만,
그럼에도 주님은 언제나
그분의 뜻과 계획을 이루어가고 계심을 믿습니다.
그러니 이 밤도,
어둠을 지나 아침 햇살을 마주하는 그날을 기다리며
조용히 기도합니다.
그런 날이 어서 오기를.

11/10

모든 것의 답은, 오직 복음입니다.
우리가 가진 지식에는 언제나 '한계'가 있지만
하나님의 지혜에는 결코 '한계'가 없습니다.
그러니 지금 우리 삶에 일어난 모든 일을
'복음의 통로'로 해석해 낸다면,
그것이야말로 우리가 찾던 참된 답이 될 것입니다.
"모든 것의 답은 복음"이라는 이 고백 위에
오늘도 "아멘"으로 응답하며
주님의 지혜를 구합니다.

11/11

하나님은 언제나
자신이 교회를 섬기고 복음을 위해 살겠다고 나선 사람을 통해서만
영혼을 살리고 교회에 부흥의 역사를 일으키신 것이 아닙니다.
오히려 때로는 교회를 방해하고, 핍박하고,
어렵게 만들던 이들을 복음의 능력으로 변화시키셔서
그들을 통해 교회를 지키고,
여전히 복음을 전하게 하시기도 합니다.
그만큼 복음은 놀랍고,
하나님의 일하심은 우리의 계산을 넘어서 있습니다.

11/12

간밤엔 제법 찬바람이 불었고,
아침엔 안개가 자욱했습니다.
낮엔 잠시 햇살이 고개를 내밀더니,
해가 기울자 금세 싸늘한 공기가 감싸옵니다.

계절이 깊어갈수록,
사람의 마음도 함께 차분해지는 것 같습니다.
아무리 똑똑하고, 아무리 많은 것을 가진다 해도
하루의 온도조차, 계절의 흐름조차
우리 뜻대로 바꿀 수 없음을 다시 깨닫습니다.

오늘도 그저,
주님의 뜻을 구하며
조용히, 겸손히 걸어갑니다.

11/13

세상에는 이해할 수 없는 일들이 참 많이 일어납니다.
억지로 이해하려 애쓰는 대신,
그저 그 모든 일 가운데
주님의 뜻이 무엇인지 분별하기를 구합니다.

여전히 나도, 우리도 아닌
오직 주님만이 끝까지 일하시고,
주의 뜻만 온전히 이루어지기를
오늘도 소망하며 기도합니다.

11/14

문제를 풀어나갈 때,
문제만 바라보면 결국 더 복잡해지기 마련입니다.
하지만 정답을 바라보며
공식대로 차근차근 풀어갈 때
비로소 해답에 이를 수 있지요.
지금은 함께 그 문제를 잘 풀어가야 할 때입니다.
그러니 오늘도 주님의 긍휼을 구해 봅니다.

11/15

세상은 우연이라 말하지만,

믿음의 사람들은 하나님의 계획이라 믿습니다.

세상은 또 다시 우연이 겹쳤다고 말하지만,

믿음의 사람들은 하나님의 뜻 안에 있는 필연이라 고백합니다.

이번 주도, 우연처럼 다가올

필연적인 하나님의 뜻과 계획을

기도하며, 기대하며, 기다려 봅니다.

11/16

깊고도 깊도다, 하나님의 뜻과 계획.
이 시대를 향한, 우리를 향한,
그리고 나를 향한 주님의 뜻과 계획은
참으로 헤아릴 수 없이 깊습니다.

오늘도, 내일도
하나님이 예비하신 정답을 깨달아
부르신 자리에서, 부르신 뜻을 따라
기꺼이 걸어가길 소망합니다.

부르심 따라서, 한 걸음씩.

11/17

바다 속에는 하나님이 숨겨두신 길이 있고,
반석 안에는 생수가 감추어져 있으며,
저 하늘 구름 속에는 만나와 메추라기가 준비되어 있습니다.
하나님의 계획은 우리가 아무리 애쓴다 해도
다 알 수 없는 일입니다.
그러니 그 뜻을 온전히 신뢰하며 순종으로 나아갈 때,
모든 일은 결국 주님의 뜻대로 해결될 것입니다.

11/18

이 땅에서 일어나는 하나님의 일에는
결코 우연이란 없습니다.
모든 일에는 반드시 하나님의 뜻과 계획이 숨겨져 있습니다.
지금 나도, 우리도, 한국교회도
말로 다 할 수 없는 혼란의 시간을 보내고 있지만,
이때야말로 더욱 하나님의 뜻을 분별하고
그분의 인도하심을 바르게 따라야 할 때입니다.

11/19

하나님의 일은
오늘도 여전히 '진행 중'입니다.
문제는 언제나 믿음 없는 우리,
바로 '나'이지요.
하나님은 지금도
하나님의 방법으로 이 땅을 다스리고 계십니다.
진짜 우리가, 내가 끝까지 하나님을 믿고 따랐던 일이
얼마나 옳고 복된 일이었는지는,
시간이 흐른 어느 날
하나님께서 행하실 새 일,
그 은밀한 일을 통해 알게 될 것입니다.

주님의 길을 걷고 있다고 말한다면,
너무 서둘러 목적지에 닿으려 하지 마십시오.
차분히, 천천히,
나를 다듬고 고치며 바르게 걸어가야 합니다.
급히 가려다 보면
자칫 다른 길로 빠지거나
중간에 넘어져 멈춰 버릴 수도 있으니까요.
오늘도 조급함을 내려놓고,
조용히 나를 다듬으며
주님만 바라보며 한 걸음씩 걸어가고 싶습니다.

11/21

하나님의 뜻인 줄 착각하고 내 생각대로
살았던 시간이 참 많았습니다.
돌아보면,
내 뜻대로 되지 않았던 일들 속에
오히려 주님의 뜻이 숨겨져 있었음을
조금씩 깨달아 갑니다.
이제는 내 생각을 앞세우기보다,
조용히 주님의 뜻에 순종하며
살아가길 원합니다.

11/22

오늘도 자꾸 힘이 빠진다면,
어쩌면 내 뜻대로 되지 않아
마음이 상했다는 뜻일 것입니다.
반대로 오늘도 자꾸 힘이 솟아난다면,
주님의 뜻을 믿고 따르니
그 안에서 새 힘이 나는 것이겠지요.
항상 내 뜻이 아니라
오직 주님의 뜻대로
모든 일이 이루어지기를 소망합니다.

11/23

내 답이 틀린 줄 알면서도
고치지 않고 끝까지 우긴다면……
결국 하나님께서
직접 고치실 수밖에 없게 되겠지요.
그러니 스스로
잘못된 답을 선택하지 않도록
더욱 깨어 있어야 합니다.
시대를 바르게 분별하는 은혜 안에서
오늘도 살아가야 합니다.

11/24

내가 간절히 바라는 일을
내 입으로 고백할 때는
'미래의 꿈'이라 부를 수 있지만,
그 꿈을 주님의 시선으로 바라보면
'죄의 씨앗'이 될 수도 있습니다.

그러니 오늘도 내 뜻보다
주님의 뜻을 더 가까이 두게 하시고,
내가 바라는 꿈이 아니라
주님이 원하시는 꿈을 꾸며 살아가게 하소서.

하나님의 꿈에 동참하는
믿음의 자녀로 서게 하소서.

11/25

이 땅을 살아가며
내 뜻과 계획으로 세워지는
가정이나 교회, 나라가 아니라,
오직 하나님의 뜻과 계획이 이루어지는
하나님의 나라가
우리의 가정과 교회, 삶의 모든 자리 위에
충만히 임하기를 소망합니다.

오늘도 말씀 앞에 그저,
아무 말 없이 고백합니다.
"아멘."

11/26

환경이 바뀌고 상황이 달라져도
변하지 않는 믿음으로,
그저 가던 길을 묵묵히 걸어가고
하던 일을 성실히 이어갑니다.
걷고 또 걷다 보면
주님의 뜻도 조금씩 보이겠지요.
편안한 길이 아니라 평안한 길을 선택하며
어디에 있든, 무엇을 하든
그 평안을 잃지 않는
믿음의 삶이 되게 하소서.

11/27

해보지 않은 일에 도전하고,
가보지 않은 길을 걸으며,
몰랐던 것을 알아가고,
새로운 일을 시작합니다.
복음을 품고 그렇게
사명의 길을 계속 걸어갑니다.
무엇을 해도 결과는 알 수 없고,
어디로 가도 끝은 보이지 않지만,
어떤 일이 생길지 모를 길 위에서
기도는 늘 하나입니다.
"주님의 뜻을 이루소서."

11/28

아무리 방이 많고 열쇠가 수백 개 있어도,
마스터키를 가진 사람은
그 어떤 문이든 열 수 있습니다.

우리 인생도 그렇습니다.
수많은 문제의 방들이 있지만,
우리는 그 문을 열 수 있는
열쇠 하나 제대로 갖고 있지 못하지요.

그러나 모든 문을 여실 수 있는 마스터키,
그 열쇠는 오직 주님께 있습니다.

오늘도 나는,
그분만을 찾고,
그분께 나아갑니다.

11/29

하나님께서 나와 우리를 말씀으로 이끄실 때,
우리는 순종함으로 따라가는 사람일까요?
아니면 거역하다 끌려가는 사람일까요?
나는 지금 어떤 사람인지,
우리는 어떤 모습으로 서 있는지
진지하게 돌아보아야 할 때입니다.

11/30

세상의 역사는 늘 반복되지만,
믿음의 역사는 언제나 새로워집니다.
세상을 내 생각과 뜻대로 살아가면
결국 비슷비슷한 날들이 계속될 뿐이지만,
내 뜻을 내려놓고 주님의 말씀에 순종하며 나아갈 때,
우리는 마른 땅이 된 바다를 건너는 것 같은
새로운 역사의 길을 걷게 될 것입니다.

Part 12
담대함

두려워하지 말라 내가 너와 함께 함이라
놀라지 말라 나는 네 하나님이 됨이라

이사야 41:10

12/01

복음을 전하는 믿음의 사람에게
꼭 필요한 용기가 하나 있다면,
바로 거절당할 수 있는 용기입니다.
두렵고 떨리고, 때로는 마음이 아플지라도
복음을 전하기 위해서는
거절을 두려워하지 않는 담대함이 필요합니다.
오늘도 그 용기를 구하며
주어진 길, 복음을 들고
묵묵히 걸어가 봅니다.

12/02

잔잔한 바다 위를 떠다니는 배는

언뜻 보면 여유롭고 낭만적으로 보이지만,

비가 오고 바람이 불고 태풍이 몰아치면

순식간에 위기 속에 놓이게 되지요.

우리 인생도 그렇습니다.

끝없이 출렁이는 바다 위 작은 배처럼,

예기치 못한 바람과 파도를

우리 힘으로는 막을 수도, 예측할 수도 없습니다.

그래서 우리는 오늘도

그저 주님의 뜻과 계획만을 바라봅니다.

한 치 앞도 알 수 없는 시간을 지나며

바다에 나간 배가 무사히 항구로 돌아오길 기다리듯,

우리를 기다리시는 주님의 품으로

끝내 무사히 돌아가길 소망합니다.

12/03

집에 가는 길,
갑자기 비가 오고 바람이 불고
천둥까지 치니
조심, 또 조심하며 걸음을 옮깁니다.
그래도 이제 곧 도착하겠지요.
집으로, 나의 쉼터로.
인생길도 마찬가지입니다.
예고 없이 비 오고 바람 불고
천둥 치는 날이 찾아오지만
그래도 조심조심,
넘어지지 않도록,
포기하지 않도록.
주님 계신 하늘,
우리의 참된 집으로
오늘도, 내일도,
그리고 끝까지,
한 걸음씩 가고 있습니다.

12/04

밤에 하는 운전은 언제나 조심 또 조심입니다.
특히 오늘처럼 안개 낀 밤길은 더더욱 그렇지요.
그래도 아무리 어둡고 앞이 보이지 않아도,
목적지가 있다면 끝까지 가야겠지요.
이 땅에서 50년을 살아보니
정말 그런 날들이 있더군요.
안개 낀 도로처럼 앞이 흐릿한 날들,
그래도 앞차의 비상 깜빡이를 따라가듯
빛을 따라, 믿음을 따라 조심조심 걷습니다.
오늘도 그렇게 무사히 도착하길,
그리고 다시 아침을 기다립니다.

12/05

세상에서 꼴찌 같던 인생이 일등이 되기도 하고,
일등 같던 인생이 다시 꼴찌가 될 수도 있습니다.
그러니 지금 꼴찌 같다고 포기하지 말고,
일등 같다고 교만해서도 안 됩니다.
이 땅에서 꼴찌를 일등으로,
일등을 꼴찌로 바꾸실 수 있는 분은
오직 하나님이심을 믿습니다.

12/06

성경 속 모든 믿음의 일꾼들의 삶을 보면,
위기의 순간에 오히려 믿음이 빛났고,
그 위기가 믿음의 역사로 이어지는 출발점이 되었습니다.
우리 시대, 이 땅에서 믿음으로 살아가는 오늘도
이처럼 깊은 위기의 때는 없었기에,
분명 이 위기가 기회가 되어
또 하나의 믿음의 역사가 시작될 것입니다.

12/07

믿음 안에서 내린 결정이라면

주님께서 책임져 주신다고 약속하셨기에,

오늘도 주님 바라보며 바른 길을 걸어갑니다.

나의 길,

우리의 길

좌로나 우로나 치우치지 않고

바르게 걷고 있는지

잠시 멈추어 서서

조용히 돌아보고,

확인하며,

다시 내일을 기다립니다.

12/08

믿음의 사람들은 겉으로 보기엔 모두 비슷해 보일 수 있습니다.
그러나 하나님께서 보시는 속사람의 모습은
결코 같을 수 없습니다.
사람들의 시선, 세상의 평가에 마음을 빼앗기느라
하나님 앞에서 지켜야 할 속사람의 마음이 흔들리고
죄와 타협하는 어리석음을 범하지 않기를 바랍니다.
진짜 믿음은,
사람의 눈이 아니라
하나님의 눈 앞에서 자라는 법이니까요.

12/09

믿음이 있다는 것은,
이 땅에서 일이 잘 풀릴 때도,
뜻대로 되지 않을 때도,
결과에 따라 기뻐하거나 낙심하지 않고
그저 한결같이 주님을 신뢰하는 마음을
지켜가는 것입니다.

12/10

우리에게 일어나는 수많은 사건과 사고 속에서

하나님과 씨름하면, 하나님의 답을 얻게 됩니다.

하지만 사람과 씨름하거나

문제 자체와 씨름하면

결국은 사람이 답을 만들고

우리가 스스로 해결하려 들게 되지요.

오늘도 끊임없이 일어나는 상황들 속에서

내 생각이 아닌,

오직 하나님의 바른 답을 알기 원합니다.

12/11

믿음의 사람이
하나님의 일을 의심으로 시작하면
결국 죄에 이르게 됩니다.
하지만 그 일을 궁금함으로 시작하면,
하나님의 답을 얻게 되지요.
그러니 우리도
하나님의 일을 의심하려 하지 말고,
그분의 뜻과 계획을
하나하나 확인하며 나아가야 합니다.
하나님의 답을 알아가는 그 길에
오늘도 최선을 다해야 할 것입니다.

12/12

민음의 사람이

진짜인지 가짜인지를 어떻게 알 수 있을까요?

먼 산이 아무리 아름다워 보여도

멀리서만 보면 진짜 모습을 알 수 없듯이,

사람도 가까이 지내 보아야 조금씩 드러납니다.

민음의 사람이

좁은 문, 좁은 길을 기꺼이 선택하며

자신보다 하나님을 먼저 두고 살아간다면

진짜일 가능성이 높습니다.

반대로

자신만을 위해 살고 있다면,

아마도 가짜일 확률이 높을 것입니다.

12/13

항상 기뻐하고, 쉬지 않고 기도하며,
범사에 감사하는 삶을 사는 것은
결코 특별한 은사를 받은 사람만의 몫이 아닙니다.
주님과의 첫사랑을 잊지 않고,
바른 믿음의 걸음을 걷는 이에게 자연스럽게 나타나는
가장 본질적이고도 아름다운 모습이지요.

그래서 오늘도 기도합니다.
기본에 충실하며,
주님이 기뻐하시는 믿음의 자녀로 살아가기를.

12/14

믿음의 사람에게
아무리 큰 문제가 찾아와도,
그 문제를 주님께 온전히 맡기고
믿음으로 걸어가면,
그 큰 문제조차
작은 일처럼 풀리는 것을 경험하게 됩니다.

12/15

주님의 생각보다 내 생각이 앞서지 않게 하소서.
내 뜻보다 주님의 뜻을 먼저 구하며,
결국엔 내 생각을 초월하는 삶을 살게 하소서.

이 땅에서 내 욕심으로
주님의 뜻을 앞질러 가는 인생이 아니라,
비록 부족할지라도
주님이 주신 믿음의 힘으로
욕심을 이기고, 순종으로 걸어가는 인생이 되기를 소망합니다.

12/16

문제를 바라보며 기도하면
커져가는 문제 앞에
우리의 믿음은 점점 작아질 수 있습니다.
하지만 하나님이 주실 열매를 바라보며 기도하면
믿음은 점점 더 자라고,
마음은 더욱 단단해질 것입니다.
주일 예배를 드리고도
두려움이 일곱 배로 커진 마음으로 살아가지 말고,
앞으로의 삶 속에서
삼십 배, 육십 배, 백 배로 채우실 평안의 열매를
바라보는 믿음이 자라나길 소망합니다.

12/17

하나님이 내 힘을 빼앗으신 것이 아니라,
이미 내가 스스로 힘 빠지는 삶을 살아가고 있기에
믿음의 힘마저 점점 약해지고 있는 것입니다.
요즘 왜 이렇게 믿음에 힘이 없을까……
스스로를 돌아보며,
회개의 마음으로 다시 주님의 힘을 구하고
다시 일어서기를 간절히 구해야 할 때입니다.

12/18

진짜 믿음의 사람은 결국,

그 삶의 열매로 믿음을 증명하게 되고,

가짜 믿음의 사람은 결국,

그 삶의 모습으로 믿음의 부재를 드러내게 됩니다.

진짜와 가짜의 차이는

시간이 지나면 반드시 드러나며,

마지막 열매 앞에서는 결코 숨길 수 없습니다.

사람은 속일 수 있어도,

하나님은 속일 수 없기 때문입니다.

그 마지막 날,

우리의 믿음이 진짜였음을

주님 앞에서 담대히 고백할 수 있기를 소망합니다.

12/19

내게 있는 가장 귀한 재산,
그것은 '믿음'입니다.
내가 가진 모든 재산을 묻는다면
오직 믿음 하나뿐이라 말할 수 있습니다.
하지만 그 믿음이 불량하다면
결국 내가 가진 전부는
아무런 쓸모 없는 재산이 되고 말겠지요.
그러니 오늘도,
믿음을 키우는 일이
가장 중요합니다.

12/20

같은 찬양을 불러도
좋은 목소리, 정확한 박자만으론
그저 듣기 좋은 노래에 그칠 수 있습니다.
하지만 진짜 믿음의 사람이
믿음으로 찬양할 때,
그 가사는 삶 속에서 실제가 되고
믿음의 역사가 시작됩니다.
진짜 믿음이 이깁니다.
결국, 믿음만이 이깁니다.

12/21

문제를 문제로만 바라보면
그 문제는 점점 더 커지고 복잡해집니다.
하지만 정답을 알고,
그 정답대로 풀어가려 애쓰면
조금씩 길이 보이고, 실마리가 풀리기 시작하지요.

오늘도 내 앞에 놓인 수많은 문제들 앞에서
주님, 정답이신 주님을 보게 하시고
그 답대로 살아가게 하소서.
오늘도 그저, 믿음으로 기도하며 나아갑니다.

12/22

가만히 돌아보면,
욕심으로 가득 찬 내 생각과 말을 따랐을 때는
삶도 마음도 점점 더 복잡해지고 어려워졌습니다.
하지만 내 뜻과는 달랐던
하나님의 말씀에 순종했을 때는
놀랍게도 삶이 조금씩 회복되고,
믿음이 자라나는 것을 보았습니다.

믿음의 사람이라면,
내 말이 아니라 하나님의 말씀대로.
오늘도, 순종입니다.

12/23

복음은,
복음을 진심으로 아끼고 사랑하는 사람만이
함께 지켜갈 수 있습니다.
복음을 아끼지 않는 사람은
자신의 의를 드러내기 위해
오히려 복음을 흔들게 되지요.
복음을 향한 그 순전한 마음을
잃지 않고 살아가길 소망합니다.

12/24

세상을 살아가며 들었던 수많은 사람의 말은
언제든 요동하고 흔들릴 수 있지만,
하나님의 말씀은 결코 흔들리지 않습니다.
우리가 믿고 따르는 하나님은
환경에 따라, 상황에 따라 변하시는 분이 아니라
어제나 오늘도, 영원토록 변함없는 분입니다.

12/25

"나의 영혼이 잠잠히 하나님만 바람이여
나의 구원이 그에게서 나오는도다.
오직 그만이 나의 반석이시요
나의 구원이시요 나의 요새이시니
내가 크게 흔들리지 아니하리로다."
(시 62:1-2)

이보다 더 무슨 말이 필요하겠습니까.
이 마음 그대로, 이 믿음 그대로
이 땅을 살아가길 소망합니다.

12/26

성경 속 여호수아의 도전은
오늘 이 시대, 우리의 도전이 되어야 합니다.
여호수아가 힘들고 어려운 상황 속에서도
믿음으로 싸워 마침내 승리의 기업을 얻었듯이,
오늘 우리도 믿음으로 싸워야 합니다.
그리고 마침내,
이 땅에서 주실 믿음의 기업을
우리도 온전히 누리는
믿음의 주인공이 되어야 할 것입니다.

12/27

사단 마귀와 맞서 싸우려 애쓰기보다,
먼저 내가 정직하게 살기 위해 싸운다면
사단은 내 마음에 들어올 틈을 찾지 못할 것입니다.

이 땅의 성공을 위해 거짓을 따르고,
나의 유익을 위해 악한 일에 동참하려는 유혹 앞에서
내 마음을 다스릴 수 있는 힘,
그것이 바로 살아 있는 믿음의 양심일 것입니다.

오늘도 그 양심이 깨어 있도록,
주님, 내 마음을 지켜 주소서.

12/28

하루에도 수천 번, 근심이 마음에 찾아올 때마다
수천 번의 결단으로 그 근심을 밀어내야 합니다.

믿음의 마음으로 주님께 온전히 올인할 때,
근심은 서서히 물러가고
주님이 예비하신 평안과 승리의 열매가
다시금 내 앞에 열릴 것입니다.

오늘도 수많은 근심 앞에서,
결단 하나로 믿음을 선택합니다.

12/29

사람들은 종종 세상 모든 일이 '팔자'대로 된다고 여기며,
힘들고 어려운 상황 속에서도 방법이 없다며
그저 슬픔의 주인공으로 머물곤 합니다.

그러나 믿음의 사람은 다릅니다.
성령 충만함을 지켜 내면,
우리 삶은 팔자가 아니라
날마다 새롭고, 날마다 은혜로 충만해져
기쁨의 주인공으로 살아가게 됩니다.

12/30

우리가 멈추면,
그때 하나님이 시작하십니다.
내가, 우리가
무엇을 해 보겠다고 발버둥쳐도
안 되는 일들이 참 많습니다.
그러나
내가, 우리가 할 수 있는 일이
끝나는 바로 그 순간
바로 그때부터
하나님이 다시 시작하십니다.

12/31

"두려워하지 말라, 내가 너와 함께 함이라.
놀라지 말라, 나는 네 하나님이 됨이라.
내가 너를 굳세게 하리라.
참으로 너를 도와주리라.
참으로 나의 의로운 오른손으로 너를 붙들리라."
(사 41:10)

이 말씀,
우리 모두가
기억하고 또 기억하며
잊지 말아야 할 주님의 약속입니다.
하나님의 말씀 앞에
오늘도 순종하며, 아멘.

하루, 은혜 한 줌

초판 1쇄 인쇄 | 2025년 11월 20일
초판 1쇄 발행 | 2025년 11월 24일

지은이 | 임우현
펴낸이 | 박대용
펴낸곳 | 도서출판 징검다리
등록 | 1998. 4. 3. No.10-1574
주소 | 경기도 파주시 산남로 85-8
전화 | 031)957-3890~1   **팩스** | 031)957-3889
이메일 | zinggum@naver.com

디자인 | 오브디자인 ovdesign.kr
편집 | 김세나

ISBN | 978-89-6146-183-2 (03230)

저작권자의 허락없이 이 책의 일부 또는 전체를
무단 복제, 전재, 발췌하면 저작권법에 의해 처벌을 받습니다.